차세대
빅데이터 플랫폼
DATA LAKE

차세대 빅데이터 플랫폼

구축, 활성화 및 거버넌스 전략

DATA LAKE

윤선웅 지음

기업의 CEO를 포함한 모든 경영진은 Data Lake
플랫폼으로의 전환을 위한 준비가 필요하다!

좋은땅

▮ 왜 이 책을 쓰게 되었는가?

 필자는 Data Lake 기획/구축 경험, 구축 중에 확보한 지식을 바탕으로 관련 업무를 수행 중인 모든 실무자와 경영진을 대상으로 도움을 주고 참고할 자료를 제공하기 위해 본 책을 작성하였습니다. Data Lake라는 개념은 최근에 각광을 받기 시작하였고, 아직 명확한 개념조차 잘 알려지지 않았기에, 구축 사례가 많이 존재하지 않는 것이 사실입니다. 특히, 국내에서는 Data Lake 구축 사례가 거의 전무하다시피 한 현실에서 필자는 다행히 글로벌 선도 기업에서 기획 단계에서부터 컨설턴트로 참여하여 3년에 가까운 구축 과정을 모두 지켜보았기에 얼마나 그 과정이 험난하고 어려운지를 잘 알고 있습니다. 그리고 그러한 선도 기업에서도 구축은 여전히 진행 중입니다. 이 과정에서 제가 고민했던 각종 이슈와 난제들을 공유하고, 그 답을 제시하기보다는 상황과 배경, 의사결정 옵션, 옵션 간의 장/단점을 분석, 이 책을 읽는 독자에게 제공하여 미리 고민하게 함이 이 책을 쓴 목적입니다. 이 책을 읽은 독자들은 Data Lake를 기획하고 구축하고 운영할 때에 좀 더 준비된 상태에서 업무를 수행할 수 있을 것입니다.

▌이 책은 어떤 내용을 담고 있는가?

첫 부분은 Data Lake에 대한 Introduction으로 이 책의 전체 내용에 대한 요약이라고 볼 수 있을 것입니다. 이 책을 다 읽을 만큼 시간적 여유가 없는 분들은 이 챕터만 읽어도 대략적인 전체 내용을 이해할 수 있을 것입니다. 이 챕터는 데이터 분석 플랫폼이 '데이터 웨어하우스'로부터 Data Lake로 발전하고 진화하게 된 과정에 대해 설명하고, Data Lake를 기획하는 단계에서 과거와 같은 On-Premise 방식으로 구축하는 것이 좋을지 최근에 각광을 받고 있는 Cloud 방식으로 구축하는 것이 좋을지를 비교할 것입니다. 또한 Data Lake 추진 로드맵은 어떤 내용으로 어떻게 수립하는 것이 좋을지 제시하고, Data Lake 설계 시 아키텍처는 어떻게 구성하는 좋을지 설명할 예정입니다. Data Lake의 활용도(즉 성공의 척도) 향상을 위해 구축 시 어떤 부분을 유념해야 할지, 구축 후에도 Data Lake 활용도 향상을 위해 어떤 점을 고민해야 하는지를 제시하고자 합니다. 또한 Data Lake를 성공적으로 운영, 관리하기 위한 거버넌스 방안에 대해서도 간략히 소개하고, 전사 전환 프로그램의 성격을 가지고 있는 Data Lake를 추진하는 조직은 어떻게 구성해야 하는지 제안하고자 합니다.

다음 'Data Lake란 무엇인가' 챕터에서는 Data Lake에 대해 일반적으로 통용되는 개념은 무엇인지 설명하고, 제가 생각하는 Data Lake의 정의에 대해서도 제시하고자 합니다. 또한 이 Data Lake라는 용어는 누가, 왜, 처음 쓰기 시작했는지 그 기원에 대해 설명하고, 현재까지 전사 데이터 플랫폼으로써 활용하고 있는 '데이터 웨어하우스(Data Warehouse: DW)'와는 어떤 차이가 있는지 설명할 예정입니다. 그리고 빅데이터(Hadoop) 플랫폼은 무엇인지, 이 솔루션/플랫폼과 Data Lake와의 차이점은 무엇인지 비교/분석하여 설명하도록 하겠습니다. 그리고 현재 Data Lake의 부분 집합으로 불리는 'Data Puddle(데이터 웅덩이)' 혹은 'Data Pond(데이터 연못)'와의 차이점에 대해서도 설명하며, Data Lake가 성공적으로 구축되지 못했을 때 이른바 'Data Swamp(데이터 늪)'가 되는 이유에 대해서도 설명할 예정입니다. 이렇게 다양한 개념들과 비교함으로써 Data Lake에 대해 좀 더 명확한 개념을 잡을 수 있을 것입니다. 그리고 Data Lake를 구축하는 궁극적인 지향점이 무엇인지 설명하였습니다. 이를 통해 Data Lake 구축 시에 맞이할 각종 의사결정 옵션 중 어떤 방향을 선택하는 것이 바람직할지 결정할 수 있을 것입니다.

그다음 'Data Lake는 어떻게 구축해야 하는가' 챕터에서는 우선 Data Lake를 구현하는 방식, 즉 On-Premise 대비 Cloud 방식에 대해 살펴볼 것입니다. Cloud 방식 내에서도 Private Cloud, Public Cloud, Hybrid Cloud와 같이 다양한 방식 간의 장/단점을 비교하고, 이를 선택하는 기준을 제시하여 각자의 기업의 상황에 맞는 방법을 선택할 수 있도록 할 것입니다. 그리고 Data Lake 구축 시 어떤 로드맵을 가지고 구축해야 할지도 제시해 볼 것입니다. 무엇을 어떻게 시작해야 할지 막막한 기업에 어느 정도 힌트를 줄 수 있으리라 생각합니다. 또한 Data Lake가 타깃으로 하는 아키텍처는 무엇인지, 참조할 만한 아키텍처는 어떤 것들이 있는지, 어떤 기술적 의사결정 옵션들이 있는지도 살펴보고자 합니다. Data Lake 아키텍처 설계 시 데이터를 수집하는 Layer, 데이터를 적재하는 적재 Layer, 데이터를 제공하는 Layer, 사용자에 서비스를 위한 Layer는 각각 어떻게 설계해야 할지, 설계 시 고려할 사항은 무엇인지를 설명할 예정입니다.

다음으로 'Data Lake를 잘 활용하기 위한 방안은 무엇인가' 챕터에서는 Data Lake의 성공의 척도인 활용도 향상을 위해서는 기능적, 기술적 측면, 즉 하드 스킬뿐만 아니라 소프트 스킬, 즉 문화적 측면, 심리적 측면에 대한 고려도 반드시 필요합니다. 이러한 Data Lake의 활성화를 위해서는 어떤 전략이 필요한지, 예시 프로그램은 어떤 것들이 있는지 제시하고자 합니다. 먼저 사용자의 활용도를 향상시키기 위해서는 어떤 계층 또는 그룹을 타깃으로 해야 하는지, 즉 현재의 빅데이터 사용자인 Data Scientist를 타깃으로 하는 것이 적절한지, 어떤 부분을 중점적으로 고려하여 구현해야 하는지에 대해 설명할 예정입니다. 그리고 활용도 향상을 위해 사용자들이 기존에 활용하는 도구와의 관계는 어떻게 설정해야 하는지 제시하고자 합니다.

기업의 수많은 데이터에 대한 큐레이션 시 어떤 데이터부터 중점적으로 해야 Data Lake 활성화에 도움이 될지 설명할 예정입니다. 또한 최근에 여러 분야에서 큰 주목을 받고 있는 '게임화(Gamification)'를 Data Lake에도 적용할 수 있을지, 이를 적용하면 어떤 도움이 될지, 어떻게 적용해야 할지에 대해서도 제안하고자 합니다. 또한 빅데이터의 가장 중요한 사용자 그룹인 'Data Scientist', 그들이 수행하는 업무와의 어떤 연계를 가지고 Data Lake 사업을 추진할지에 대해서도 제시할 예정입니다. Data Lake가 지향하는 전사적인 전환 프로그램을 성공적으로 추진하기 위한 방안에 대해서도 몇 가지 제안하고자 합니다.

마지막으로 'Data Lake 거버넌스' 챕터에서는 Data Lake의 데이터를 안전하게, 또한 높은 품질로 서비스하기 위해 필요한 거버넌스 요소들을 기술하고자 합니다. 먼저 사용자가 Data Lake 활용 시 가장 민감하게 고려하는 요소 중 하나인 데이터 품질 문제에 대한 현실적 대안들에 대해서 제시하고자 합니다. 또한 Data Lake는 전사 사용자를 대상으로 한 플랫폼입니다. 그러므로, 전사의 민감한 데이터를 어떻게 서비스할지, 산업 보안 규제에 어떻게 대응해야 할지에 대한 고민이 반드시 필요합니다. 또한 사용자의 접근/인증/권한 등의 보안 문제에 대한 해결 방안은 어떤 것들이 있는지 제시하도록 하겠습니다. 마지막으로 데이터의 수집에서부터 적재/보관, 활용, 폐기에 이르기까지의 전체 '수명 주기(Life Cycle)'를 어떻게 관리할 것인지에 대한 대안을 제시하고자 합니다.

▌이 책은 어떤 사람들을 대상으로 하는가?

이 책은 현재 Data Lake에 대해 들어 보기는 했으나 무엇인지 궁금해하고 있는 IT 업계의 많은 실무자들, 또한 Data Lake에 대한 시장 조사와 도입을 검토 중인 기업, 그리고 Data Lake를 기획 중이거나, 구축 중에 있거나, 구축 후 운영 중에 있는 모든 회사의 실무자와 경영진을 대상으로 합니다. 국내의 대기업은 대부분 '데이터 웨어하우스'를 구축하여 운영 중에 있고, Hadoop 기반의 빅데이터를 구축하여 업무에 적용하는 사례들을 확대하고 있습니다. Data Lake는 차세대 전사 데이터(혹은 빅데이터) 플랫폼이 되어야 하는, 될 수밖에 없는 시점에 있습니다. 또한 Data Lake는 단순히 IT 시스템 구축 프로젝트가 아닌 '전사 전환 프로그램'으로 전사의 사용자를 대상으로 업무 프로세스 변화를 수반하며, 기업의 데이터 문화의 전환을 필요로 합니다. 따라서 데이터의 중요도가 높은 기업의 CEO를 포함한 모든 경영진은 Data Lake 플랫폼으로의 전환을 위한 준비가 필요합니다. 또한 기업의 IT 담당자들 역시 Data Lake 구축을 준비해야만 할 것이므로, 반드시 본 책을 읽어 보기를 권장합니다. 그리고 기업의 현업들도 '데이터 오너' 역할과 'Citizen 분석가' 역할을 수행해야 하고, 데이터 담당자들도 '데이터 Steward'의 역할과 'Data Scientist' 역할을 수행해야 하므로, 사실상 기업의 모든 종사들의 참여를 필요로 합니다. 따라서 이들도 Data Lake 에 대한 기본적인 개념을 이해하고, 전사의 변화 방향에 대한 준비를 하기 위해 본 책의 내용에 대한 이해를 필요로 합니다. 또한 Data Lake를 서비스하기 위한 벤더들, 빅데이터 관련 솔루션 벤더, BI/시각화 등 분석 솔루션 벤더, IT 컨설팅 기업, '시스템 통합(SI)' 서비스 기업들도 'Next Big Thing'인 Data Lake 서비스를 준비해야 할 것입니다. 따라서 Data Lake를 고객사에 어필하기 위해 어떤 전략을 수립할 것인지, 그리고 Data Lake 기획/구축/운영 서비스를 제공하기 위해 어떤 전문적 역량을 확보할 것인지에 대한 준비를 해야 할 것입니다. 본 책은 이러한 경영진과 실무자, 벤더 종사자들의 각 역할에 맞는 충분한 지식을 제공하지는 못하겠지만, Data Lake에 대한 기본적인 개념과 목적을 이해하고, 구축을 위해 필요한 사항, 성공적 운영을 위해 준비할 사항은 무엇인지에 대한 논의를 시작할 수 있도록 하는 역할은 할 수 있으리라 확신합니다.

▌내용상의 한계점

본인은 Data Lake 구축을 위해 활용되는 모든 기술요소를 깊이 알고 이해하고 있지 못한 상태에서 작성하였음을 미리 알려 드립니다. 사실 Data Lake와 관련된 기술적 내용이 방대하기도 하고, 참고할 만한 문헌도 많지 않은 상황에서 본 책을 작성한 것도 하나의 변명이라고 얘기할 수 있을 것 같습니다. 그래서 제가 작성한 내용은 대부분 경험에 근거한 내용이 많고, 각 방안이 정답이라고 하기보다는 제가 고민했던 내용을 설명하고, 해답이 될 수도 있는 대안들을 제시하고, 그 이유를 설명하고, 어떤 경우는 대안 간에 비교를 한 정도라고 얘기할 수 있을 것 같습니다. 학술적인 근거에 바탕을 두었거나, 정확한 논리적 근거에 의해 도출된 내용이 아님을 미리 말씀드립니다. 따라서 제가 제시한 내용이 잘못 기술되거나, 논리적인 허점이 있거나, 혹은 깊이 설명되지 못하는 부분도 분명히 있을 것입니다. 또한 제가 다양한 산업에서 다양한 회사에 Data Lake를 구축한 경험이 있지도 않기 때문에 제가 제시한 안이 모든 기업에 적용 가능하지도 않을 것입니다. 제가 경험했던 특정 회사의 구축 내용을 정확하게 기술할 수도 없기 때문에, (기밀 유지 서약에 의해) 각 방안에 대한 구체적인 사례를 제시하지 못하는 것도 양해를 부탁드립니다. 고객사의 기밀 정보에 해당하는 내용은 삭제하거나 일반화, 개념화하여 표현될 것입니다. 이러한 많은 내용상의 한계로 인해 어떠한 지적이나 토론도 환영하며, (향후 Data Lake의 발전에 분명 도움이 될 수 있을 것이므로) 제 개인 메일 'suyoon75@gmail.com'로 의견을 보내 주시면, 다음에 제가 작성하게 될 책에서(혹은 본 책의 개정판에서) 제 나름대로의 해답 혹은 의견을 다시 정리하여 반영하여 제시하도록 하겠습니다.

▌감사의 말

필자는 국내에서 생소한 Data Lake를 처음 기획하는 단계에서부터 설계, 구축, 운영에 이르는 전체 구축 Life Cycle을 여러 번 경험하였고, 이 소중한 경험으로 이 책을 쓰게 되었습니다. 이러한 소중한 경험을 할 수 있도록 해 주신 고객사분들에게 우선 감사드립니다. 고객사는 수많은 이슈에 대해 같이 검토하고, 추진 방향성에 대해 같이 고민하고, 서로의 전문적 지식을 공유하여 주어 프로젝트가 잘 진행되도록 이끌어 주었습니다.

그리고 같이 프로젝트를 수행하면서 각자의 전문 분야에서 최선을 다하고, 서로 지적하고 조언하면서 프로젝트의 성공을 위해 헌신적으로 노력한 수많은 벤더의 전문가들에게도 감사를 드립니다. Data Lake에 대한 경험이 없던(물론 국내에 그러한 전문가는 없던 상황이었지만) 저의 가능성을 믿고 고용하고 아낌없이 격려하고 지원해 준 모 컨설팅 업체 관계자 분들에게도 감사의 말씀을 드립니다.

또한 《Enterprise Big Data Lake》의 저자인 'Alex Gorelik'은 저를 잘 모르겠지만, Data Lake에 대한 제 생각을 정리하고 있을 때, Alex의 책이 많은 도움이 되었습니다. Alex의 생각은 저의 생각과 많은 부분이 일치하였고, 많은 새로운 영감을 가지게 해 주었습니다. 이로 인해 저도 Data Lake에 대한 제 생각과 전문성, 비전을 정리한 책을 출판하고 싶다는 확신을 가지게 되었습니다.

그리고 저의 첫 책이 출판될 수 있도록 허락하고 조언하고 지원해 주신 출판사 관계자분들에게도 감사를 드립니다. 마지막으로 곁에서 항상 응원하고 격려하고 때로는 채찍질해 주는 사랑하는 나의 가족 현정, 찬영, 보영에게도 마지막으로 감사의 말씀을 드립니다.

제3장 Data Lake는 어떻게 구축해야 하는가?

제4장 Data Lake를 잘 활용하기 위한 방안은 무엇인가?

제5장 **Data Lake 거버넌스**

결론

/ 그림 목차 /

Introduction

제가 처음 'Data Lake'라는 용어를 들은 것은 지금(2021년)으로부터 약 3년 전인 2018년, 컨설팅사 재직 당시 우연히 Data Lake 구축 계획 수립 프로젝트에 투입된 후였습니다. Data Lake라는 용어를 처음 접했을 때 들었던 생각은 이것은 IT 업계의 또 다른 현혹용(혹은 마케팅용, 영업용) 용어이거나, 데이터베이스 솔루션 업체의 제품 라인 정도라고 생각하고 대수롭지 않게 생각했습니다. 즉 '데이터 웨어하우스' 솔루션 업체가 현재의 DW의 후속 버전으로 제품을 마케팅하기 위해 만든 용어 정도로 생각했습니다. 제가 주변의 동료들에게 Data Lake에 대해 얘기했을 때, 제가 생각한 정도로 생각하거나, 기존 Hadoop 기반의 빅데이터와 관련된 용어 정도로 생각하고 있는 것 같았습니다. 아마 이 책을 읽고 있는 독자들 대부분도 유사하게 생각하지 않을까 짐작해 봅니다.

최근에 알게 된 사실이지만 이 Data Lake라는 용어는 '데이터 웨어하우스' 솔루션 업체로부터 나온 것이 아니고, 'BI(Business Intelligence)' 솔루션 업체 관계자가 자신의 블로그에서 처음 했던 말이었습니다. 즉 Data Lake는 태생부터 데이터를 모으는 곳이 아닌 **데이터를 활용**하는 곳에서 나온 말입니다. '데이터 웨어하우스'와 같이 정형화된 보고서 형태와 정해진 관점, 도구가 아닌 (사실 DW도 처음에 나왔을 때는 다중 차원 분석을 할 수 있는 획기적인 솔루션이었기는 하지만) **Raw Data를 자유로운 형태, 관점, 방식으로 분석**할 수 있도록 하겠다는 것이 바로 'Data Lake'의 목적입니다.

1. 데이터 분석 플랫폼 발전 과정

Data Lake의 탄생 배경을 알아보기 위해 데이터 분석 플랫폼의 발전 과정을 간략히 요약해 보겠습니다. 먼저 **1990년대**는 ERP(제조/재무/인사), CRM(마케팅/영업), SCM(공급망), PLM(제품개발) 등으로 대변되는 **기업의 정보화**에 중점을 두었고('그림 1. 데이터 분석 플랫폼 발전 로드맵' 참조), **2000년대**는 이러한 전사의 Silo(각 부서가 구축한 업무 시스템의 데이터 간 연계되지 못하는 현상) 데이터를 통합하고 활용하기 위한 방안으로써, **'데이터 웨어하우스(Data Warehouse)'**라는 개념이 나오기 시작하였습니다. 이 '데이터 웨어하우스'는 전사의 데이터 창고, 즉 전사에 흩어진 데이터를 한곳에 모으겠다는 것이었습니다. 이 '데이터 웨어하우스'를 통해 비로소 전사의 데이터 Silo 현상을 해소하여 데이터를 연계, 분석하고, 다양한 관점의 보고서를 작성하게 되었습니다.

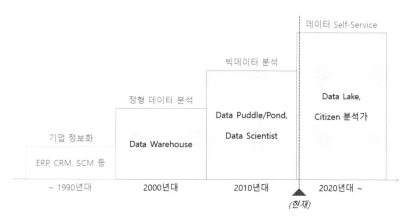

그림 1. 데이터 분석 플랫폼 발전 로드맵

이와 함께 전사의 데이터 용량(Volume)이 더욱 커지고, 속도(Velocity)는 더욱 빨라지며, 유형(Variety)도 더욱 다양해지는 이른바 빅데이터의 '3V'라고 부르는 특징으로 인해 기존 기술로는 이를 처리하고 적재하기 어려워지게 되었습니다. 이를 처리하기 위한 기술로 Hadoop이 탄생하였고, Hadoop은 3V 데이터를 저렴하면서도 높은 성능으로 처리할 수 있었기에 전 세계적인 빅데이터 붐이 일어났습니다. **2010년대**부터 본격적으로 대형 기업을 중심으로 **빅데이터**를 수집하고, 분석하여, 특정 업무에 분석 결과를 적용하는 프로젝트가 시작되었습니다. **Data Scientist**로 불리는 빅데이터 전문가를 양성하고, 이들을 중심으로 빅데이터 분석 대상 업무를 발굴하고 적용하였습니다. 이렇게 특정 업무를 중심으로 구축한 빅데이터 시스템은 '**Data Puddle**(데이터 웅덩이)' 혹은 '**Data Pond**(데이터 연못)'라고 불립니다. 이러한 '데이터 웅덩이/연못'들은 과거의 기업 정보 시스템과 같이 다시 웅덩이/연못 간 단절(Silo)되고 있으며, 전사의 데이터 자산과 연계되지 못하여 일반 사용자들에게 공유되지 못하는 상황을 초래하고 있습니다. 즉 빅데이터는 일반 사용자는 활용하지 못하는 'Data Scientist'만 활용할 수 있는 데이터가 되어 가고 있습니다. 이를 '**데이터의 특권화**'라고 부릅니다.

이러한 단절된 빅데이터 웅덩이/연못을 다시 전사 데이터에 통합/연계하여 Data Scientist 등 특정 사용자와 부서가 아닌 'Citizen 분석가'라고 불리는 일반 사용자에게 공유하고자 하는 것이 '**Data Lake**(데이터 호수)'입니다. 빅데이터를 과거와 같이 '데이터 웨어하우스'에서 수용하기에는 너무 많은 비용이 소요되고, 분석 니즈를 DW와 같이 사전에 모두 정의하기도 어렵습니다. 따라서 원천 데이터 포맷, 즉 Raw Data 형태로 공유하여 최대한의 분석의 자유를 보장하되, Citizen 분석가가 **Self-Service 분석**이 가능하도록 하기 위해, 쉽게 데이터를 찾을 수 있도록 하고, 다양한 정보를 제공하여 데이터의 Context(배경지식)을 이해할 수 있도록 하며, 다양한 도구를 통해 전처리, 분석이 가능하도록 하는 것이 바로 Data Lake의 목적입니다. 일반 사용자가 자신이 직접, 즉 IT 시스템 담당자의 개발이나 지원 없이, 자유롭고 편리하게 빅데이터를 분석하고, 그 숨겨진 의미(Insight)를 발굴하여 자신의 업무에 적용함으로써, 전사적인 비즈니스 혁신을 유도하는 것, 이것을 '**Data Democratization**(데이터 민주화)'라고 부릅니다. 기업의 중요한 자산인 데이터를 특정 사용자 그룹이나 부서에 특권화되지 않도록 하겠다는 것입니다. 위 그림과 같이 현재 시점은 이러한 Data Lake를 통한 '데이터 민주화'를 시작하는 시점에 와 있는 것입니다.

2. Data Lake 구축 방식 선정

Data Lake를 기획하는 시점에 가장 먼저 해야 할 일은 어떤 방식으로 구축할지를 고민해 보는 것입니다. 자신의 회사의 상황과 시장 상황을 분석하고, 선택 가능한 옵션은 무엇이 있는지 검토하고, 비교 분석을 통해 적절한 방식을 선택해야 합니다.

먼저 기업 내부의 데이터 센터에 필요한 서버를 구입하고 필요한 기능을 개발하고 배포하여 구축하는 전통적인 방식의 **'On-Premise'** 방식으로 구축하는 방법이 있습니다. 이와는 반대로 On-Demand로 유연하게 서버 자원을 확장/축소할 수 있도록 구성하고, 사용한 만큼 비용을 지불하는 방식인 **'Cloud'** 방식으로도 구축할 수 있습니다. 또한 각 방식의 일부를 선택적으로 조합한 **'Hybrid'** 방식으로 구현할 수 있습니다. 이러한 각 방식을 검토하고, 각 기업의 비즈니스 환경에 따라 적합한 방식을 선택해야 합니다. (다음 '그림 2. Data Lake 구축 방식 선정 기준' 참조)

평가 기준	낮음	높음
리소스 소요 변동 폭	On-Premise	Cloud
데이터 민감도	Public Cloud	On-Premise 혹은 Private Cloud
실시간 처리 필요성	Cloud	On-Premise
Biz/업무의 특수성	Public Cloud	On-Premise 혹은 Private Cloud
보유 리소스 (인력/비용) 수준	Public Cloud	On-Premise 혹은 Private Cloud

그림 2. Data Lake 구축 방식 선정 기준

On-Premise 방식은 Data Lake의 모든 구성요소를 전통적인 방식으로 자사의 데이터 센터에 모두 구성하여 운영하는 방식입니다. 실시간 데이터 처리가 비즈니스에 Critical하고 큰 비중을 차지하는 경우에 적합합니다. 또는 데이터 처리/활용을 위한 자원 소요의 변동이 크지 않고, 꾸준하게 대규모의 자원이 필요한 경우에 적합한 방식입니다. 또한 민감한 개인 정보, 혹은 산업 데이터 보안으로 인한 규제 등으로 인해 데이터 민감도가 높아 외부 Cloud에 데이터를 보관하기 어려운 경우에도 적합한 방식입니다. 그리고 매우 특이한 비즈니스를 운영하여 그 기업의 니즈를 외부 Cloud에서 제공하기 어려운 경우에도 선택해야 하는 방식입니다. On-Premise 방식은 모든 Data Lake의 구성요소를 모두 직접 구현해야 하므로, 각 기업의 니즈/환경에 적합한 최적화된 방식으로 구축할 수 있으나, 많은 기술요소에 대한 전문성을 필요로 하므로, 인력 확보/운영에 어려움을 겪을 수 있습니다. 또한 구축을 위해 상당한 기간과 비용이 소요될 수 있으며, 자원의 소요에 따른 확장에 어려움이 존재할 수 있는 단점이 있습니다.

반면 **Cloud 방식**은 자원 소요에 따라 유연하게 운영할 수 있으며, 사용량에 따라 비용이 결정되는 비교적 합리적 방식입니다. 세부적으로는 **Private Cloud**, 혹은 **Public Cloud**, Private/Public을 혼합한 **Hybrid Cloud** 방식으로 구축할 수 있습니다.

Private Cloud 방식은 On-Premise 방식과 유사하게 자사 내부에 Data Lake 구성에 필요한 Cloud 인프라를 모두 구성하여 운영하는 것입니다. 즉 아마존의 AWS, 마이크로소프트의 Azure 등의 Cloud 벤더가 제공하는 Cloud 서비스를 기업 내부에 해당 기업에 특화하여 구현하는 것입니다. 정부의 산업 보안 규제, 민감 데이터에 대한 규제가 심한 산업의 경우, 또는 해당 기업에 특화된 Cloud 자원 구성이 필요한 경우(즉 Public Cloud 서비스로는 기업의 구체적/특이한 니즈를 만족시킬 수 없는 경우), 또는 Cloud를 자사의 핵심 역량으로써 꾸준히 투자하여 발전시킬 의지와 자신이 있는 경우에 선택하는 방식입니다. 그러나 On-Premise 방식보다도 큰 비용과 기간과 역량이 필요할 수 있으므로 신중한 의사결정이 필요합니다. AWS나 Azure와 같은 Cloud 서비스는 엄청난 규모의 투자와 노력을 통해 이루어진 것이라는 것을 명심하고 Private Cloud 방식이 합리적인 선택인지 고민 후 선택해야 할 것입니다.

Public Cloud 방식은 앞서 언급한 외부의 AWS, Azure 등의 Cloud 서비스를 이용하여 Data Lake를 구성하는 방식입니다. Private Cloud와 반대로 민감한 데이터 이슈가 비교적 적고, 기업 내부에 Cloud 서비스를 구현할 만한 비용과 인력이 충분하지 않은 경우, 또한 데이터 처리와 활용에 대한 자원 소요가 시기/시점에 따라 변동 폭이 큰 경우에 활용되는 방식입니다. Public Cloud는 구축 시간/비용이 적게 소요되고, 기본적인 Data Lake 기능을 대부분 Cloud 벤더에서 제공하므로 비교적 쉽게 도입이 가능합니다. Data Lake에 불확실성으로 인해 대규모 초기 투자를 꺼리는 기업이 시작하고자 할 경우에 적합한 방식입니다. 하지만 Data Lake에 자신들만의 특이한 기능을 구현하려고 하거나, 데이터를 경쟁 무기로 생각하는 기업은 적합하지 않을 수도 있습니다.

모든 서비스를 Private Cloud로 구축하거나, 반대로 모든 서비스를 Public Cloud를 통해 이용하는 것은 현실적으로 쉽지 않습니다. 기업에서 직접 구현하기보다는 외부의 Cloud 서비스를 이용하는 것이 훨씬 용이할 수 있고, 예를 들어 보안에 대한 민감도가 낮은 단순 애플리케이션/도구와 같은 경우는 Public Cloud 서비스를 이용하는 것이 구현 용이성이나 활용 효과성 측면에서도 유리할 수 있습니다. 이렇게 기업 내 각 비즈니스의 요건에 따라 On-Premise, Private Cloud, Public Cloud를 적절히 선택하여 구현하는 **Hybrid Cloud 서비스**가 가장 현실적인 기업의 대안일 것으로 생각합니다. 예를 들면, 실시간 데이터 수집, 처리가 필요한 Edge 서비스 영역은 On-Premise로, 기업 내 주요 데이터 수집, 처리, 적재 영역은 Private Cloud로, 대규모 연산 처리가 필요한 Analytics 애플리케이션 영역은 Public Cloud 서비스로 구현하는 것이 가장 효율적이고 효과적인 방식일 것입니다.

3. Data Lake 추진 로드맵 수립

Data Lake 구축 방식을 선정한 후에는 **단계별 추진 계획, 즉 로드맵**을 수립해야 합니다. 무엇을 어떻게 구현해야 할지 모르는 상태에서 로드맵을 수립하려면 막막할 수 있겠지만, 경영진의 '스폰서십(Sponsorship)'을 받기 위해, 전략/재무 부서의 사업 예산 승인을 위해, 사내 구성원에 Communication 등을 위해서는 반드시 필요한 과정입니다. 처음에는 기술적인 디테일에 지나치게 매몰되지 않고, **사용자 서비스 관점의 단계별 목표**를 수립하는 것이 바람직합니다. 구현 중에 자연스럽게 기술적/관리적인 지식과 경험이 축적된 후에는 점점 더 상세한 구현 로드맵으로 발전시킬 수 있을 것입니다. 또한 지속적인 예산 확보와 경영진의 스폰서십을 받기 위해서는 **기업의 비즈니스 가치(Value)에 기여할 수 과제를 선정, 가시화**하여 추진하는 것이 중요합니다. 예를 들어, Data Science에 추진 중인 빅데이터 분석 과제를 Data Lake와 연계하여 분석 서비스를 제공하는 것입니다. Data Lake를 활용한 빅데이터 분석 과제 추진을 통한 비즈니스 성과와 비용 절감 효과가 있음을 보여 주어야 합니다. 예를 들어, 시스템 간 개별적 인터페이스 개발 및 운영 비용의 절감, 분석가의 데이터 수집, 취합, 가공을 위한 수작업 감소, 데이터 처리 시간/비용 절감, 개발된 분석 알고리즘의 업무 적용을 통한 프로세스 개선 등의 효과를 거둘 수 있음을 보여 주어야 합니다. 이를 통해 Data Lake 구축에 투자한 금액 대비 정량적/정성적 효과를 거두고 있다는 것을 경영진에 어필할 수 있으며, 지속적인 사업 추진의 근거를 확보할 수 있을 것입니다.

4. Data Lake 아키텍처 설계

Data Lake의 추진 계획과 로드맵을 수립한 후에는 To-Be 모습을 정의하고 아키텍처의 청사진을 설계해야 합니다. Data Lake 아키텍처 설계를 위해서는 아키텍처를 구성하는 영역(Layer)을 정의하고, 각 영역별로 필요한 기능을 도출하며, 기능 구현을 위한 기술요소 혹은 솔루션의 선정, 기능별 세부 구현방안을 설계해야 합니다. 또한 데이터 처리 유형별 Data Pipeline을 설계하고, 사용자의 활용 니즈를 충족시킬 수 있는지 점검해야 합니다. 이를 위해 가장 효과적인 방법은 **사용자 서비스 시나리오**를 빠짐없이 정의하고, 이에 기반하여 기능을 도출하고 Data Pipeline을 설계하여 시나리오상의 요구사항을 모두 충족시킬 수 있는지 확인하는 것입니다. 추후 기능/비기능 테스트 시에도 이러한 사용자 시나리오에 기반하여 점검할 필요가 있습니다. 특히 Data Lake의 사용자는 Data Scientist뿐만 아니라 일반 **Citizen 분석가**를 타깃으로 하므로, 반드시 이들의 관점에서 설계해야 합니다. 따라서 어려운 기술 용어를 포함해서는 안 되고, 사용자 UI의 편의성과 기능 간에 끊김 없는(Seamless) 업무 흐름이 이루어지도록 구성해야 합니다.

Data Lake 기능 구현 시에는 모든 기능을 직접 개발할 것인지, IT 솔루션/서비스 시장에 해당 기능을 가진 제품/솔루션을 도입할 것인지 검토, 의사결정해야 합니다. IT 솔루션은 다양한 비즈니스 상황을 고려하여 상당히 많은 기능을 보유하고 있는 경우가 많아 대부분의 고객사 요구사항을 만족시킬 수 있고 구현 기간과 비용을 단축할 수 있다는 장점이 있습니다. 하지만 굳이 필요하지 않는 기능까지 지나치게 많아 무겁고(Heavy) 복잡하고, 라이선스 비용이 비싸며, 처음 솔루션을 도입한 후에는 계속해서 해당 제품을 이용해야 하므로 해당 업체에 지나치게 의존하는 Lock-In 효과가 발생할 수 있다는 우려가 있습니다. 빅데이터, 특히 Hadoop 생태계는 많이 알려진 바와 같이 **Open-Source 기반의 무료 솔루션**이 많이 있습니다. 이러한 많은 솔루션에 대한 각각의 전문성을 보유한 인력을 확보하기 어렵고, 특히 많은 기술요소가 포함될 경우 아키텍처의 복잡성으로 인해 운영에 어려움이 있을 수 있어 세밀하고 현실적인 검토가 필요합니다. 반대로 **상용 솔루션**은 라이선스 비용이 있지만 관련 기술 인력과 운영 시의 기술적 문제를 책임지고 해결해 주므로 현실적으로 이를 택하는 경우도 많이 있습니다. 이러한 모든 것들을 고려하여 Make(개발) 혹은 Buy(구매) 의사결정과 함께 구매하기로 결정했을 경우에는 솔루션 선정이 필요합니다.

Data Lake 아키텍처 설계를 위해 아무것도 없는 상태에서 하나씩 구성요소를 정의하는 '처음부터 새로 구축(Build from Scratch)'하는 접근법보다는 기존의 완성된 아키텍처를 참고하여 필요한 요소를 추가하거나 불필요한 요소를 제거하는 방식으로 설계하는 '템플릿(Template)' 접근법을 활용하는 것이 더 효율적인 방법일 것입니다. Data Lake 아키텍처 설계 시 참고할 아키텍처로는 실시간 스트리밍 프로세싱 중심의 **'카파 아키텍처'**와 실시간과 배치 프로세싱을 별도로 처리할 수 있는 **'람다 아키텍처'**가 있습니다. 카파 아키텍처는 메시징 프로세싱 시스템에서 실시간 처리와 필요 시 배치 처리도 수행할 수 있으므로, 람다 아키텍처에 비해 비교적인 단순한 기술 구조를 가진다는 장점이 있습니다. 반면 활용 측면에서는 메시지 Topic(Kafka의 경우 데이터 단위를 Topic이라 부릅니다.) 구조를 활용 애플리케이션에 맞도록 변환해야 하는 번거로움이 있으므로, 일반 사용자들이 이 구조를 활용하기에는 좀 불편하게 느낄 수 있는 단점이 존재합니다. 람다 아키텍처는 실시간 처리 Layer와 배치 처리 Layer가 별도로 구분되어 있어 카파 아키텍처에 비해 구조는 복잡한 단점이 있으나, 활용 용도/목적에 따라 각 Layer를 활용하면 되므로 카파 아키텍처에 비해 활용이 용이하다는 장점이 있습니다. 기업은 개별적 비즈니스 환경과 기업 구성원들의 역량, IT 인프라 현황 등을 고려하여 하나의 적합한 아키텍처를 선택 후 필요한 구성요소를 추가, 보완, 삭제하면서 아키텍처를 완성해 나가는 것이 바람직할 것입니다.

Data Lake 아키텍처의 첫 번째 영역은 **'데이터 수집 Layer'**입니다. Data Lake는 기존의 '데이터 웨어하우스'와는 달리 '쉬운 수집(Frictionless Ingestion)'을 표방합니다. 즉 원천 데이터 포맷 그대로 수집하여 사용자에게 제공하여 자유롭게 분석하도록 하는 것이 목표입니다. Data Lake는 관계형 데이터베이스 테이블, CSV 파일 등의 정형 데이터, IoT 로그 파일 등의 반정형 데이터, 동영상, 음성, 자연어 텍스트 등의 비정형 데이터를 모두 수집합니다. 또한 Data Lake는 초 이하 단위로 발생하는 이벤트 메시지 등의 실시간 데이터, 수 초 단위로 발생하는 RDB 변경 데이터 등의 근 실시간 데이터, 수십 초 이상 단위로 발생하는 배치 데이터를 모두 포함하여 수집합니다. 수집 시 활용되는 기술은 오픈 소스 기반의 Hadoop 생태계 솔루션들과, 상용 솔루션들을 데이터 수집 유형에 따라 선택하여 활용할 수 있습니다.

Data Lake 아키텍처의 두 번째 영역은 **'데이터 적재 Layer'**입니다. '데이터 적재 Layer'는 다시 4개의 세부 영역으로 구분하여 관리됩니다. Data Lake는 원천 시스템으로부터 Raw Data를 수집 후 일단 '임시 데이터 영역'으로 적재합니다. '임시 데이터 영역'에서 기본적인 데이터 정합성 점검, 보안 데이터 여부 체크 후 비식별화/마스킹 처리, 서비스에 필요한 메타데이터를 생성 후 '원천 데이터 영역'으로 이동합니다. '원천 데이터 영역'은 Data Lake의 메인 서비스 영역으로 Data Catalog를 통해 Raw Data 서비스를 제공합니다. 사용자가 다운로드한 데이터는 '작업 데이터 영역'으로 이동하고, 사용자는 '작업 데이터 영역'에서 필요한 가공 처리를 하거나, 새로운 데이터를 생성하기도 합니다. 사용자가 생성한 데이터 중 다른 사용자와 공유하고자 하는 데이터는 Data Catalog로 배포하고, 해당 데이터는 '가공 데이터 영역'으로 이동합니다. '가공 데이터 영역'의 데이터는 사용자에게 Data Catalog를 통해 서비스됩니다.

Data Lake 아키텍처의 세 번째 영역은 **'데이터 제공 Layer'**입니다. Data Lake는 Data API를 통해 데이터를 제공하거나, 타깃으로 데이터를 직접 전송하기도 하며, 데이터를 로컬 PC로 다운로드하거나, Data Lake 내 '작업 데이터 영역'으로 데이터를 다운로드할 수 있는 서비스를 제공합니다. 먼저 사용자는 '대화식 쿼리' 서비스 내에서 작성한 쿼리를 REST API로 변환할 수 있으며, 이 API를 사용자 애플리케이션에서 호출하여 활용할 수 있습니다. 또한 사용자가 지정한 데이터베이스와 인터페이스, 전송 주기에 따라 데이터를 직접 전송할 수 있습니다. 그리고 마지막으로 사용자가 '대화식 쿼리' 서비스에서 조회한 데이터를 사용자의 로컬 PC나 Data Lake 내부 사용자별 작업 영역으로 다운로드할 수도 있습니다.

Data Lake 아키텍처의 마지막 네 번째 영역은 **'데이터 서비스 Layer'**입니다. 사용자는 'Data Catalog'라고 불리는 서비스에 의해 Data Lake 내 필요한 데이터를 검색할 수 있고, 데이터 Context의 이해할 수 있으며, 데이터를 조회하고 다운로드할 수도 있습니다. 또한 다양한 데이터 전처리/분석 도구에 데이터를 제공하고, 그 결과를 다시 Data Catalog에 배포할 수도 있습니다. (다음 '그림 3. Data Lake 플랫폼' 참조)

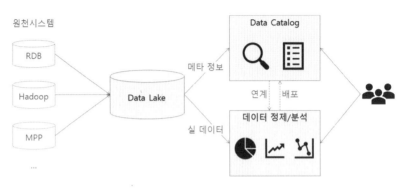

그림 3. Data Lake 플랫폼

Data Catalog에서 사용자는 필요한 데이터를 키워드를 통해 검색할 수 있습니다. 정확한 테이블명, 파일명으로 찾는 것이 아니라, 비즈니스 용어를 통해 검색하는 것입니다. 또한 비즈니스 분류 체계, 기술 분류 체계 등의 카테고리 체계를 통해서도 필요한 데이터를 찾을 수 있습니다.

또한 Data Catalog는 해당 데이터의 Context 제공을 위해 **'데이터 계보(Data Lineage)'** 정보를 제공합니다. 즉 데이터가 어떤 원천 시스템에서 생성되었고, 어떤 수집, 처리, 가공 과정을 거쳐 현재 어디에 적재되고 어떤 애플리케이션에서 활용하고 있는지 알려 줍니다. 그리고 Data Catalog는 해당 데이터의 실제 샘플을 보여 주거나, '데이터 프로파일링(Data Profiling)' 결과(값의 분포 등) 정보를 제공합니다. 또한 해당 데이터가 실제로 어떻게 활용되고 있는지에 대한 정보를 제공하기 위해 관련 쿼리, 즉 SQL 정보(쿼리의 실행 횟수, 작성자 정보 포함)를 보여 주기도 합니다. 그리고 해당 데이터에 대한 사용자들의 피드백을 받아 전사의 사용자들과 공유하기도 합니다. 이전에 해당 데이터를 활용했던 사용자가 데이터 활용 시의 주의사항(특정 지역의 데이터는 포함되어 있지 않음 등)을 공유하거나, 어떤 경우에 어떻게 활용하니 유용하다는 정보도 함께 공유해 주니, 사용자의 입장에서 매우 유용한 정보입니다.

이와 같은 형태로 데이터에 대한 정보, 즉 메타데이터를 제공하는 시스템을 'Data Catalog'라고 부릅니다. Data Catalog는 특정 업무를 처리하는 업무 시스템이 아니라, '온라인 쇼핑몰'의 개념과 '사용자 데이터 포털'의 개념이 혼재되어 있는 매우 독특한 애플리케이션입니다. Data Lake의 활용성을 높이고 성공을 보장하기 위한 가장 핵심적인 요소가 바로 Data Catalog 시스템입니다.

Data Catalog를 상품 카탈로그와 비교하면 좀 더 이해하기 편할 것입니다. 상품 카탈로그는 소비자가 온라인 쇼핑몰에서 필요한 제품을 검색하고, 제품의 상세 정보, 스펙을 조회한 후, 장바구니에 담거나 구매하기 위한 결제를 하고, 배송지 정보를 입력합니다. 이와 유사하게 사용자는 Data Catalog에서 필요한 데이터를 검색하고, 데이터에 대한 상세한 배경 정보(설명, 태그, 오너, 리니지, Technical Detail, 샘플 데이터, 쿼리, API 등)를 조회 후, 즐겨찾기에 등록하거나, 해당 데이터를 자신이 원하는 위치로 전송 혹은 다운로드합니다. 즉 온라인 쇼핑몰의 상품 카탈로그와 유사한 개념을 가지고 있고 활용 절차도 유사하기에 'Data Catalog'라는 명칭으로 불리게 된 것입니다.

기존의 '지식 관리(Knowledge Management: KM)' 혹은 '지식 포털(Knowledge Portal)'로 불리던 시스템도 이 Data Catalog와 상당히 유사한 부분이 많이 있습니다. KM은 전사의 지식(문서 중심의 자료) 자원을 한곳에 모아서 사용자가 필요한 지식을 찾아볼 수 있고, 자신의 지식(자료)을 등록할 수 있으며, 다른 사용자로부터 평가 혹은 피드백을 받을 수도 있습니다. 이와 유사하게 Data Catalog에서는 전사의 데이터 자산을 한곳에 모아서 사용자가 필요한 데이터를 찾아볼 수 있고, 사용자가 자신이 직접 가공한 데이터를 등록/배포할 수 있으며, 다른 사용자로부터 해당 데이터에 대한 피드백을 받을 수도 있습니다. 그래서 일부 기업에서는 Data Catalog보다 확장된 개념으로 '**데이터 포털**(Data Portal)'이라는 용어를 쓰기도 합니다.

데이터에 대한 배경(Context) 지식을 이해한 후에는 사용자가 지정한 위치에 직접 데이터를 내려 받고, 데이터에 대한 전처리, 정제, Join 등을 수행하고, 각종 BI 도구, 시각화 도구 등의 도구에 연계하여 분석할 수 있도록 합니다. 또한 결과 데이터와 보고서/대시보드 등을 Data Catalog에 다시 배포할 수 있습니다. 이러한 데이터와 관련된 전체 업무를 Data Lake에서 수행할 수 있으므로, '**Data Lake 플랫폼**'이라는 명칭으로 부르는 것이 더 적절할 것입니다.

5. Data Lake 플랫폼 활용도 향상

Data Lake 플랫폼의 활용도를 향상시키기 위해서는 Data Lake의 특성에 대해 정확하게 이해할 필요가 있습니다. Data Lake를 '데이터 웨어하우스'와 비교하면 그 특징을 좀 더 정확히 알 수 있습니다. '데이터 웨어하우스'는 특정 비즈니스 활용 니즈를 분석하여 데이터를 모델링한 후 데이터를 적재하므로 데이터 활용을 전제로 하고 있습니다. 즉 사용자가 데이터를 어떻게 활용할지는 이미 정해져 있으니, 사용자의 활용성 향상을 위한 추가적인 고려는 사실상 불필요합니다. Data Lake는 반대로 특정한 비즈니스 활용 용도가 없더라도 일단 데이터를 수집하여 적재한 후, 사용자가 자유롭게 분석할 수 있도록 해 주는 것이 목적입니다. 즉 사용자가 데이터를 어떻게 활용할지 정해져 있지 않으니, 사용자에게 최대한의 자유를 보장하되, 활용에 대한 편의성을 향상시키는 노력이 필요합니다. 즉 사용자의 UI/UX 측면의 편의성을 충분히 고려해야 합니다. 그렇지 않을 경우, 사용자의 활용은 감소하고, Data Lake는 결국 실패한 프로젝트로 인식될 것입니다. 또한 Data Lake는 반드시 활용해야 하는 업무 시스템도 아니므로, 사용자가 활용을 원치 않을 경우 활용도가 현저히 저하될 우려가 있습니다. 이렇게 사용자의 자유도와 편의성을 모두 고려하기 위해서는 철저하게 **사용자 관점의 서비스의 구성**이 필요합니다. 사용자는 자신에게 익숙한 용어로 필요한 데이터를 검색하고 찾을 수 있어야 하고, 데이터에 대한 비즈니스 Context를 이해(설명, 태그 등을 통해)할 수 있어야 하며, 필요한 경우에는 해당 데이터의 소유자(혹은 스튜어드)에게 궁금한 사항을 직접 문의할 수 있어야 합니다.

　Data Lake 플랫폼의 활용도를 높이기 위해서는 **경영진의 적극적 독려**도 중요하지만, 실제 경영진 회의나 업무 수행 중에 Data Lake의 데이터를 기준으로 논의, 업무 지시를 하는 등의 **'Data Lake 중심 문화 조성'**도 필요합니다. 기존의 '데이터 웨어하우스' 중심의 데이터 업무를 Data Lake로 이동하는 것입니다. 처음에는 익숙하지 않고, 명확한 기준 데이터 부재, 데이터 오류 등으로 불편할 수도 있지만 시간이 지날수록 점점 데이터의 정합성도 높아지고, 오히려 기존 '데이터 웨어하우스'에 비해 유연함과 편리함을 느끼면서 더욱 활성화될 수 있을 것입니다.

　이러한 Data Lake 플랫폼 활용 트렌드를 점점 가속하는 방법 중 하나는 바로 '게임화'라고 부르는 **Gamification의 도입**입니다. 한마디로, 사용자의 활용 트렌드를 가시화하여 투명하게 전사에 공유하는 것입니다. 예를 들면, 각 사용자가 Data Lake를 활용하는 활동들, 즉 데이터를 검색하고, 메타데이터를 조회하고, 데이터를 쿼리하고, 다운로드하고, 데이터를 Data Catalog에 배포(등록)하고, 데이터에 대한 피드백을 입력하는 등의 활동을 수행할 때마다 Data Lake의 활용도를 점수화(수치화)하여 보여 주는 것입니다. 예를 들어, 활동별 점수, 전체 점수에 따라 사용자 혹은 부서의 순위를 계산하여 Data Catalog의 메인 화면에 노출한다면, 그리고 개별 사용자는 자신의 순위를 확인할 수 있다면, 사용자들은 자신도 모르게 이 점수를 높이는 활동을 할 것이고, 이러한 노력이 지속될 경우 얼마 지나지 않아 상당히 놀라운 변화를 확인할 수 있을 것입니다. 이것이 많은 전문가들이 얘기하는 바로 **'가시화'**의 힘입니다.

6. Data Lake 거버넌스

　Data Lake의 데이터는 Hadoop 데이터이므로, 정합성을 유지하기 어렵다는 실무자들이 있지만, **Data Lake 데이터의 품질**은 엄격히 관리해야 합니다. 사용자는 Data

Lake 데이터의 정합성이 원천 시스템의 데이터에 비해 높지 않다고 생각하는 순간, Data Lake 데이터를 활용하지 않을 것이며, 이는 결국 Data Lake의 활용도 저하로 인한 실패로 이어질 것이기 때문입니다. Data Lake 데이터의 품질 관리를 위해 우선은 '데이터 프로파일링'(Data Catalog에서 조회할 수 있는 Profiling 정보를 운영자에게는 좀 더 상세하게 제공해야 합니다.)을 통해 데이터 누락, 오류, 중복 등이 발생하지 않는지 확인해야 하고, 품질 문제가 발생하는 경우 원인에 대한 조치까지 자동화가 이루어지도록 해야 합니다. 이를 위한 데이터 품질 운영 정책 규칙(Rule) 입력, 규칙에 따른 문제 발굴, 원인 분석, 조치 방안 도출, 데이터 적용까지 자동화 프로세스로 처리가 이루어져야 합니다. 자동화가 이루어지지 않을 경우, 많은 양의 데이터로 인해 수작업에 상당한 노력과 시간이 소요될 수 있습니다. 또한 Data Catalog를 통해 등록되는 사용자의 피드백 중 정합성과 관련된 Comment가 있을 수 있으며, 해당 데이터의 '데이터 Steward'는 이를 확인 후 즉시 조치해야 합니다.

Data Lake는 활용이 편리한 만큼 데이터에 대한 **보안 관리**도 중요합니다. 정부의 규제가 심한 민감 데이터(개인 PII[1] 정보, 산업 보안 등)에 대한 대응체계도 마련해야 하며, 기업 내에서 민감하게 여기는 데이터(HR, 재무, 설계/개발 자료 등)에 대해서도 엄격하게 관리해야 하기 때문입니다. 단, 사용자에 대한 접근/권한 관리, 데이터 보안으로 인해 데이터를 검색조차 불가능하게 할 수도 있고, 데이터를 병합할 수 있는 Key 정보를 제거할 수 있으며, 분석에 중요한 의미를 가진 데이터를 활용할 수 없게 할 수도 있습니다. 이는 사용자들의 반감으로 이어지고 Data Lake의 활용도가 저하될 수 있는 원인이 되므로 신중한 접근이 필요합니다. 기본적으로 Data Catalog에서 조회하는 데이터는 모두 실데이터가 아닌 메타데이터(데이터에 대한 정보)이므로 **모든 데이터 오브젝트는 검색, 조회**될 수 있어야 합니다. 최소한 어떤 데이터가 있는지 파악이 가능해야, 해당 데이터의 활용을 위한 승인을 받을 수 있기 때문입니다.

---

1   Personally Identifiable Information의 약자로, 개인 식별 정보를 의미함.

단, 민감 데이터의 경우 샘플데이터는 숨겨진 상태로 존재하며, 활용을 원할 경우 데이터 오너에게 승인을 받아야 합니다. 승인을 받더라도 민감한 개인 정보의 경우 마스킹(Masking), 삭제, 혹은 대체가 이루어져야 합니다. 이 경우에도 분석가의 **분석이 가능하도록 하는 방식으로 조치**가 이루어져야 합니다. 예를 들어, 다른 데이터와의 Join이 불가능하도록 조치하면 안 되고, 데이터로부터 파악할 수 있는 속성을 해치지 않은 방식으로 조치가 이루어져야 합니다. 이런 경우 데이터를 활용할 분석가와의 협의가 필요할 수도 있습니다.

Data Lake 데이터는 수집부터 적재, 보관, 폐기에 이르기까지의 전체 **'데이터 수명(Data Life Cycle)'** 관리가 적절히 이루어져야 합니다. Data Lake는 지금 당장의 활용 니즈가 없더라도 수집하여 향후에 활용이 가능하도록 일단 수집하는 것이 기본적 철학이긴 하나, IoT 등으로 인해 기업의 데이터가 폭발적으로 증가하는 상황에서 과연 모든 데이터를 수집하여 Data Lake에 수집하여 적재해 놓는 것이 적절한지 검토해야 합니다. 그에 대한 한 가지 해법으로써, 기존 데이터 플랫폼(데이터 웨어하우스 등)에서 활용도가 높은 데이터를 선별하여 그 원천 데이터를 우선적으로 적재하고, 그 외의 데이터에 대해서는 활용 요청이 있을 시에 수집하는 것입니다. 이를 구현하기 위해서는 일단 원천 데이터 전체에 대한 메타데이터를 수집하여 Data Catalog를 통해 서비스할 수 있게 해야 합니다. 그래서 Data Catalog를 통해 메타데이터를 검색, 조회 후 필요 시에 데이터 오너에게 활용을 위한 승인을 요청하는 것입니다. 또한 일정 기간 활용이 되고 있지 않은 데이터의 경우, 일단 삭제하고 향후 활용 니즈 존재 시 다시 수집, 적재하는 것이 바람직합니다. 특히 '작업 데이터 영역'의 데이터의 경우, 사용자가 직접 생성/가공한 데이터이고, 다른 사용자와 공유하지 않는 데이터이므로 좀 더 엄격하게 폐기 정책을 적용할 필요가 있습니다. 단, 프로젝트 데이터의 경우 프로젝트 기간 동안 유지가 필요합니다.

7. Data Lake 추진 조직

    Data Lake 구축 프로젝트는 단순한 IT 시스템 구축 프로젝트가 아닌 전사 전환 프로그램입니다. 따라서 Data Lake 플랫폼의 구축을 추진할 조직 구성 시 이를 감안한 조직의 구성이 필요합니다. 즉 전사의 각 조직들이 참여해야만 성공적으로 Data Lake를 통한 전사 전환 프로그램을 성공적으로 추진할 수 있습니다. 기존의 Legacy 시스템 조직은 원천 시스템과의 인터페이스를 주도해야 하고, 기존의 '데이터 웨어하우스'를 운영하는 조직에서는 데이터 전문가로서 '데이터 Steward'의 역할을 수행해야 하며, 기존의 Data Science 조직에서는 일부 데이터에 대한 '데이터 Steward' 역할과 동시에 Data Lake의 고급 사용자의 역할, 또한 데이터 전처리/분석 도구와의 연계를 주도적으로 수행해야 합니다. 그리고 현업 비즈니스 부서에서는 '데이터 오너'로서 데이터의 비즈니스 의미를 Data Catalog에 반영해야 하며, 일반 사용자, 즉 Citizen 분석가의 역할을 수행해야 합니다. 최근에 일부 기업에서 신규로 구성된 조직인 'Digital Transformation(DT)' 부서는 각종 신기술에 대한 지식으로 무장하여 Data Lake 구축을 주도해야 할 것입니다. 이들 다양한 조직들은 각자의 장/단점이 있으므로, 각 기업의 상황에 따라 어떤 부분을 중요하게 추진할지를 고려하여 조직을 구성해야 합니다. (다음 '그림 4. Data Lake 구축 추진 조직 간 비교' 참조)

	Legacy/DW 운영 조직	Data Science 조직	신규 DT 조직
장점	• 현업 업무 부서 등 기존 부서와의 협조 용이 • 기존 데이터의 문제점/이슈에 대한 이해	• 데이터 활용 측면의 Value 강조 • 데이터 전문가 관점의 서비스 중심 구축	• Cloud, 빅데이터 등 전문 지식/경험 보유 • 기존 시스템과의 이해관계 없이 신규 구축
단점	• 기존 핵심 역량이 아님 (전문성 확보 어려움) • Lake 성공에 대한 동기 부족 (DW 등과의 충돌)	• 경영과학, 통계 등 박사급 인력 중심으로 IT 사업 추진에 대한 전문 지식, 경험 부족	• 신규 부서로 기존 부서와 협업 어려움 • 기존 업무/Legacy에 대한 이해 부족

그림 4. Data Lake 구축 추진 조직 간 비교

조직 내부에는 미묘한 부서 간의 경쟁, 신규 기술/인력 유입으로 인한 기존 인력들의 견제가 존재합니다. IT 부서는 Cost Center로써 Profit Center 대비 조직 내 입지 약화 등 사업 추진에 어려움이 존재합니다. 그래서 이러한 IT 기술이 주도하는 전사 전환 프로젝트는 언제나 최고 경영자인 CEO의 강력한 리더십과 스폰서십(Sponsorship)이 없으면 사업 추진에 어려움을 겪고 결국에 실패하는 경우가 빈번합니다. 그리고 이들 IT 조직의 공통점은 업무에 대한 지식, 즉 데이터에 대한 비즈니스 지식이 없다는 것입니다. 이러한 비즈니스 전문가는 '데이터 오너' 혹은 '데이터 Steward' 혹은 핵심 사용자로서 Data Lake 플랫폼의 '데이터 자산화(Data Assetization)'를 담당할 핵심 구성원들입니다. 따라서 이들의 도움이 없이는 Data Lake의 성공적 추진을 보장하기 어렵습니다. 최고 경영자가 직접 Control하는 조직을 구성하여 전사의 현업 조직, 데이터(Data Scientist 및 데이터 웨어하우스 포함) 조직, IT(Legacy 시스템 및 DT) 조직 내 전문가들이 각자의 역할을 수행하도록 사업을 추진하는 것이 성공의 가능성을 높일 수 있는 길입니다.

기술적으로 안정적이면서 비용 효율적이고, 많은 기능을 보유하고, 편리한 Self-Service를 제공하는 Data Lake 플랫폼을 구축하고, 이 플랫폼을 전사의 사용자들이 유용하게, 꾸준하게 활용하도록 하기 위해서 가장 중요한 것은 **지속적인 관심과 투자**입니다. 과거의 '지식 관리 시스템' 사례에서도 유사한 교훈을 얻을 수 있습니다. '지식 관리 시스템', 즉 KM의 목적은 지식 중심의 기업 문화를 만들고, 전사의 지식을 자산화하고 구성원 간에 공유하여 구성원들의 역량을 향상시키겠다는 것이었습니다. 전사 차원의 지속적인 관심과 투자가 이루어지지 못한 기업에게 있어서 KM은 단순히 자료 관리 시스템 정도로 활용되거나, 기업의 중요한 핵심 역량으로써 자리잡지 못하였음을 잘 알고 있습니다. 아마 대부분의 일반적인 기업의 경우가 이에 해당될 것입니다. 반대로 지식 관리를 기업의 핵심 역량으로 생각하는 기업, 이른바 '지식 기반의 기업(경영 컨설팅 회사 등)'은 전사 차원에서 지속적으로 활용과 등록을 독려하고, 다양한 방식으로 구성원들의 관심을 유도하며, 지식 관리 업무에 우선적으로 자원(인력과 비용)을 투입해 왔습니다. 이들 기업에게 있어서 KM이 없다면 곧바로 기업의 경쟁력 하락으로 이어질 것입니다. 마찬가지로 데이터를 핵심 역량으로써 생각하는 기업, 즉 '데이터 기반의 기업'은 이 Data Lake 플랫폼을 통해 전사 레벨의 전환(Transformation) 프로그램을 추진해야 합니다. 구축 후에도 지속적인 데이터 중심의 기업 문화 조성, 구성원들의 관심과 협업, 경영진의 지속적인 투자가 이루어져야 합니다. 그렇지 못한다면 Data Lake는 기업의 핵심 역량으로써 자리잡지 못하고 단순한 '빅데이터 저장소'로 남을 것입니다.

제2장

Data Lake란
무엇인가?

먼저 Data Lake에 대해 일반적으로 통용되는 개념에 대해 설명하고, 제가 생각하는 Data Lake의 개념에 대해서도 추가적으로 제시하도록 하겠습니다. 그리고 Data Lake라는 용어가 언제 시작되었는지, 그 기원에 대해 알아보고, 이와 대비되는 개념으로써 '데이터 웨어하우스(Data Warehouse)'와의 유사점과 차이점이 무엇인지 분석하고자 합니다. 전사 빅데이터 저장소인 Data Lake로 발전하기 전의 빅데이터 저장소는 어떤 모습/형태였는지(예를 들어, '데이터 웅덩이' 혹은 '데이터 연못')에 대해서도 비교해 보도록 하겠습니다. 또한 Data Lake가 어떤 경우에 'Data Swamp(데이터 늪)'가 되어서, 활용할 수 없는 시스템이 되어 버리는지에 대해 설명하고, Data Lake가 지향하는 궁극적 지향점에 대해서도 논의해 보고자 합니다.

1. Data Lake의 개념

저의 경험에 비추어 보았을 때, 독자들은 Data Lake에 대해 아직 한 번도 못 들어본 사람들이 많을 것으로 예상합니다. 제가 지인들과의 대화에서 "제가 요즘 Data Lake 구축 프로젝트를 하고 있습니다."라고 얘기하면, "Data Lake? 데이터를 호수로 만드는 건가요? 데이터를 모으는 시스템인가요?"라고 되묻지 않은 사람은 거의 없었습니다. 저도 Data Lake라는 용어를 처음 들은 시점이 해당 프로젝트를 시작할 때였으니까, 아마 대부분의 지인들과 저와 비슷한 처지일 것으로 생각합니다.

제가 Data Lake라는 용어를 처음 듣고 직관적으로 떠올랐던 생각은 마치 호수가 여러 지류로부터 물이 흘러 들어와 고이는 곳인 것처럼, 데이터가 여러 원천으로부터 흘러 들어와서 저장되는 곳이라는 생각이 들었습니다.

Wikipedia의 Data Lake의 정의를 보면,

> "Data Lake는 원천 시스템의 원본 포맷(대개 blobs[2]나 파일)의 형태로 적재되는 저장소 혹은 시스템입니다. 원천 시스템 데이터, 센서 데이터, SNS 데이터 원본의 복사본과, 리포트, 시각화, Machine Learning 등 분석용 가공 데이터를 포함하는 단일 데이터 저장소입니다. 관계형 데이터베이스의 정형 데이터, 로그 등 반정형 데이터, 이메일/문서 등 비정형 데이터, 이미지 등 이진 데이터를 포함할 수 있습니다."

라고 기술되어 있습니다. 즉 Data Lake의 사전적 정의는 "여러 가지 다양한 유형의 데이터를 원본 포맷 형태로 저장하는 단일 저장소." 정도로 해석할 수 있을 것 같습니다. 그러면 Data Lake를 이미 구축하였거나, Data Lake에 대해 어느 정도 지식이 있는

---

2 Binary Large Object의 약자로, Binary(이진) 형태로 적재되는 데이터를 의미함. 그림, 오디오, 바이너리 실행 코드 등 포함.

업계의 실무자들은 통상적으로 어떻게 생각할까요? 다양한 분들과 인터뷰해 본 결과,

> "Data Lake는 Hadoop 기반의 빅데이터 저장소로써, Raw Data 형태로 저
> 장하여 데이터 웨어하우스나 비즈니스 애플리케이션에 데이터 제공하는
> 역할을 수행합니다."

라고 이야기합니다. 즉 실무자들은 Data Lake는 "빅데이터를 Raw Data 형태로 제공하기 위한 Hadoop 저장소." 정도로 인식하고 있는 것 같습니다.

Data Lake의 사전적 정의와 실무자들이 생각하는 정의는 어느 정도 유사한 측면이 많습니다. 요약하자면, Data Lake는 최근에 폭발적으로 증가하고 있는 데이터 용량과 실시간 데이터, 다양한 유형의 데이터, 즉 **"빅데이터를 원본 형태로 수용하기 위한 저장소"**를 지칭하는 용어 정도로 요약될 수 있을 것 같습니다. 빅데이터라는 의미 자체가 3V로 요약되는 대규모 용량(Volume), 빠른 속도(Velocity), 다양한 유형(Variety)의 의미를 다 포함하고 있으니, 대용량의 다양한 데이터가 빠른 속도로 유입되는 곳이라는 의미입니다. 하지만 이는 절반의 의미만을 담고 있습니다. '적재'의 의미뿐만 아니라 '활용'의 의미가 포함되어야 합니다. 제가 생각하는 Data Lake의 정의는 다음과 같습니다.

"Enterprise Data Lake 플랫폼"의 정의

> "전사의 다양한 유형의 대용량 데이터를 Low Latency[3]로(즉 빅데이터) 수집
> 하여, 사내의 모든 구성원들이 직접 필요한 데이터를 찾고, 이해하고, 확보
> 하고, 분석할 수 있도록 해 주는 전사 데이터 플랫폼."

---

3 Low Latency는 지연 없이 수집한다는 의미로, 데이터가 발생하는 최소한의 시간 내에 수집한다는 뜻.

제가 제시한 Enterprise Data Lake 플랫폼의 정의에는 몇 가지 키워드를 포함하고 있습니다.

첫 번째, **"전사"**, 즉 'Enterprise'의 의미를 포함하고 있습니다. Data Lake를 단순히 전사의 데이터 저장소로만 보는 것은 지나치게 단순화한 기술적인 관점의 개념입니다. 전사(Enterprise)에서 추진해야 할 데이터 중심의 비즈니스 전환(Transformation)의 의미를 포함하고 있습니다. 그러기 위해서는 '전사(Enterprise)'라는 용어를 포함해야 합니다.

두 번째, 사내의 **"모든 구성원"**에게 필요한 데이터 서비스를 제공해야 한다는 의미를 포함하고 있습니다. 즉 Data Lake는 특정 사용자 그룹, 예를 들어, Data Scientist 혹은 '특정 업무 전문가(Domain Knowledge Expert)' 등에게 국한된 서비스가 아닙니다. 전사의 구성원들에게 데이터 기반의 업무 혁신을 유도하기 위해서는 전사의 모든 구성원이 Data Lake의 사용자 타깃이 되어야 합니다. 그래서 Data Lake 서비스 구성 시, 특정 사용자 그룹에게 익숙한 용어나 인터페이스를 사용해서는 안 됩니다. 사내의 모든 구성원이 이해할 수 있도록 쉬운 용어와 인터페이스, 경험이 이루어지도록 서비스를 구성해야 합니다.

세 번째, 앞서 언급했듯이 "적재"에 의미에 추가하여 **"활용"**의 의미를 포함하고 있습니다. Data Lake에 데이터를 수집하는 것은 결국 활용을 위해서 적재하는 것입니다. 일부 실무자들 중에는 Data Lake의 의미를 오해하고 있는 경우가 자주 있습니다. 그들은 Data Lake의 데이터는 사용자들이 활용하든 하지 않든 일단 수집하여 제공하는 것이라고 이해하고 있는데, 이는 활용을 염두에 두지 않는다는 의미가 아닙니다. **사용자에게 최대한의 데이터 분석의 자유를 보장하기 위해 지금 현재 활용 용도가 정해져 있지 않더라도 분석에 활용할 수 있도록 제공**한다는 의미입니다. 이는 활용 용도가 정해진 후 수집하는 '데이터 웨어하우스'와는 상반되는 개념으로 본 챕터의 뒷부분에 상세히 기술할 예정입니다.

네 번째, Data Lake 뒤에 **"플랫폼"**이라는 단어를 추가하였습니다. "Data Lake"라고 하면 직관적으로 저장소의 의미로 이해하게 되지만, "플랫폼"이라고 하면 사용자에게 필요한 서비스를 화면 또는 UI(User Interface)를 통해 자동화하여 제공하는 애플리케이션을 포함한 의미로 인식하게 됩니다. 따라서 "Data Lake 플랫폼"이라고 명칭을 부여함으로써 단순히 데이터 저장소가 아닌 **사용자에게 UI 기반으로 자동화하여 제공되는 데이터 서비스**로 인식하게 하도록 합니다.

2. Data Lake의 기원

그러면 Data Lake라는 용어는 언제부터 쓰기 시작했으며, 기업들이 본격적으로 도입하기 시작한 시점은 언제부터일까요? Data Lake는 Pentaho라는 BI(Business Intelligence) 솔루션 업체의 CTO(Chief Technology Officer)인 James Dixon이 2010년 자신의 블로그[4]에서 처음 쓰기 시작한 용어입니다. Dixon은 **Data Mart와 대비되는 개념**으로써 Data Lake를 언급하였습니다. 즉 Data Mart는 데이터를 편리하게 활용하기 위해 정제하고 가공하고 구조화하여 제공하는 데이터 서비스로써 소량의 정제수가 담긴 "물병"에 비유하였습니다. 반면에 Data Lake는 **원본 데이터 형태의 데이터 서비스로써 대용량의 물이 저장된 "호수"**에 비유하였습니다. (다음 '그림 5. Data Mart vs. Data Lake' 참조)

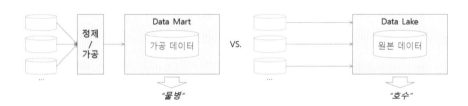

그림 5. Data Mart vs. Data Lake

---

4 https://jamesdixon.wordpress.com/2010/10/14/pentaho-hadoop-and-data-lakes/

Dixon은 2010년부터 2014년까지 4년간의 축적된 경험을 바탕으로 Data Lake에 대한 개념을 좀 더 보완하여 다시 정리[5]하였고, 그 이후 Hadoop 솔루션 업체인 Hortonworks, Cloudera, 데이터베이스 솔루션 업체인 Oracle, Teradata, MongoDB, Cloud 솔루션 업체인 Amazon, Microsoft, Google 등에서 Data Lake 관련 솔루션 제품을 출시해 왔습니다. 2010년대 중반부터 글로벌 대형 기업들도 Data Lake 구축 프로젝트를 시작하면서, 빅데이터를 통합 저장소에 적재하고, Machine Learning, Deep Learning, AI(Artificial Intelligence) 등에 활용하기 위해 고심하기 시작하였습니다. 국내에도 최근 Data Lake 구축을 시작하거나, 도입을 검토하는 기업들이 생겨나기 시작하였습니다.

3. Data Lake vs. Data Warehouse

Data Lake를 도입하는 일부 기업은 기존에 활용 중인 '데이터 웨어하우스(Data Warehouse)'의 문제점을 보완하기 위한 방안으로써 Data Lake를 활용하고 있거나 도입을 검토하고 있습니다. '데이터 웨어하우스'는 점점 더 늘어나는 데이터로 인해 성능이 저하되고 있고, 특히 데이터를 추출하고 변환하는 과정의 ETL 부하가 증가하고 있습니다. 이러한 '데이터 웨어하우스'와 ETL의 부하를 경감시키기 위한 방안으로써 Data Lake를 활용하고 있습니다. 즉 Data Lake가 '데이터 웨어하우스'를 대체하는 것이 아닌 보완하기 위한 방안으로써 Data Lake를 Position하고 있습니다. 따라서 Data Lake와 '데이터 웨어하우스'는 유사한 목적을 가지고 있지만 공존하게 되는 방향으로 진행되고 있습니다. 뒤에서 자세히 설명하겠지만 이러한 공존하게 되는 Position은 현재 상황에서는 문제점 해결을 위한 하나의 솔루션이 될 수 있겠지만, 궁극적인 지향점은 아닐 것입니다. Data Lake가 '데이터 웨어하우스'를 보완하는 방식을 좀 더 구체적으로 세분화해 보면, 첫 번째는 '데이터 웨어하우스'의 **ETL 부**

---

5   https://jamesdixon.wordpress.com/2014/09/25/data-lakes-revisited/

하를 **경감**하기 위해서 Data Lake를 활용하는 방안과, 두 번째는 '데이터 웨어하우스' 에서 적재하기 어려운 **빅데이터를 Data Lake에 적재**하는 방안입니다. (다음 '그림 6. Data Lake의 DW 보완 방안 비교' 참조)

	1안) ETL 부하 경감	2안) 빅데이터를 Lake에 적재
장점	• ETL 부하 경감으로 ETL 비용 절감 및 DW 성능 강화 • Lake를 제한적 목적으로 활용하여 아키텍처 복잡성 감소	• DW는 일반 사용자, Lake는 Data Scientist로 명확한 사용자 구분 • 고급 데이터 분석가의 Lake 기반의 빅데이터 분석 가능
단점	• 기존 ETL을 모두 Hadoop 기반으로 변경 시 개발 부담 증가 • Lake는 ETL 역할만 수행하여, Lake 적재 데이터 활용 불가	• 기존 ETL 부하로 발생하는 문제점 미해결 • 데이터 관리 이원화로 사용자 혼란, 운영 부담 가중

그림 6. Data Lake의 DW 보완 방안 비교

첫 번째, **'데이터 웨어하우스'의 ETL 부하를 경감하기 위해서 Data Lake를 활용**하는 방안입니다. '데이터 웨어하우스'는 원천 시스템 데이터를 ETL, 즉 추출(Extract), 변환(Transform) 후 적재(Load)하는 구조를 가지고 있습니다. '데이터 웨어하우스'는 전사의 모든 데이터를 수집 및 분석하는 것을 지향하므로(현실은 일부만 요약하여 적재 하고 있지만), 데이터가 지속적으로 증가하는 현재 상황에서 ETL의 부하는 늘어날 수 밖에 없습니다. '데이터 웨어하우스'의 적재 대상 데이터가 날이 갈수록 점점 증가하 고, 이에 따라 추가 리포팅 요구가 계속하여 증가함에 따라, 리포트로 가공을 위한 ETL의 부하도 지속 증가 중입니다. 이러한 ETL의 부하를 줄이기 위한 방안으로, 일 부 '데이터 웨어하우스' 업체(Teradata 등)는 ELT[6] 방식, 즉 데이터를 일단 DW에 적재 후에 DW 내에서 변환을 처리하는 방식을 선택하기도 합니다. (다음 '그림 7. ETL 대비 ELT 방식 비교' 참조)

---

6 Extract(추출), Load(적재), Transform(변환)의 약자.

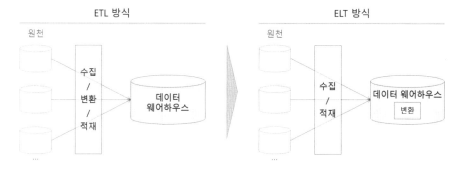

그림 7. ETL 대비 ELT 방식 비교

위의 그림에서 좌측은 ETL 방식, 즉 원천 데이터를 추출, 변환 후 적재를 수행하는 방식이나, 우측은 ELT 방식, 즉 원천 데이터를 추출, 적재 후 '데이터 웨어하우스' 내에서 변환을 처리하게 됩니다. 즉 변환 처리에 대한 부담을 ETL 도구가 아닌, '데이터 웨어하우스'로 전가함으로 인해, ETL의 부담을 분산하게 되는 방식입니다.

ETL의 부하를 줄이기 위한 또 하나의 방식은 Hadoop 기반의 Data Lake에서 ETL을 처리하는 것입니다. 이를 'ETL Offloading(부하경감)'이라고 합니다. (다음 '그림 8. DW의 ETL 부하 경감을 위한 Data Lake 활용 전/후 비교' 참조)

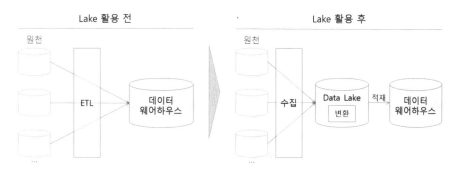

그림 8. DW의 ETL 부하 경감을 위한 Data Lake 활용 전/후 비교

즉 Hadoop의 효율적 대용량 분산 처리를 활용하여 ETL의 부하를 경감하는 것입

니다. Hadoop 기반의 Data Lake에서 데이터를 수집, 변환을 처리한 후 '데이터 웨어하우스'에 적재하는 방식입니다. 수집, 변환, 적재를 위한 도구는 Hadoop 생태계, 즉 MapReduce, Apache NiFi, Storm, Flume, Sqoop 등 중 적합한 하나의 도구를 선택하여 처리하는 것이 일반적입니다. 이 경우에 원천 시스템의 Raw Data는 Data Lake에 적재되고, 변환/가공 데이터는 '데이터 웨어하우스'에 적재되는 구조를 가지게 됩니다.

Hadoop은 일반적인 상용 ETL 도구(Informatica, InnoQuartz 등)에 비해 대용량 분산 처리를 매우 효율적으로 수행하므로, ETL 비용의 절감과 함께 성능의 향상까지도 가져올 수 있을 것입니다. 또한 Data Lake를 ETL 역할을 대체하기 위해 한정적으로 활용하므로, 아키텍처의 복잡도가 저하될 수 있습니다. 하지만, 기존 ETL을 모두 Hadoop 기반으로 대체하여 개발할 경우, 개발 비용 부담이 증가할 수 있습니다. 특히 어느 정도 기간이 경과한 '데이터 웨어하우스'는 엄청난 양의 ETL 프로그램 소스를 가지고 있고, 기존 설계 산출물 문서도 현행화되어 있지 않으므로, 이를 수정하는 것은 현실적으로 쉽지 않고 변경 영향도 분석조차 쉽지 않으므로, 프로그램 수정과 검토에 상당 기간이 소요됩니다. 그래서 제가 경험한 일부 대기업의 경우, 기존 '데이터 웨어하우스'를 수정하지 않은 채로 그대로 두고, 차세대 시스템 개발 시 다시 새로운 DW를 개발함으로써, 기존 DW와 병행하여 활용하기도 합니다. 그래서 해당 회사의 DW 시스템은 영역별 DW를 포함하여 5개나 되었습니다. 또한 Data Lake를 ETL 역할로만 제한적으로 활용하므로, 데이터를 직접 분석에 활용하기 어려운 구조입니다. 물론, Data Lake 내의 임시(Staging) 데이터를 분석에 활용할 수는 있지만 이 경우 아키텍처를 추가 보완해야 할 것이고, 결국 '데이터 웨어하우스'와 Data Lake 간의 Position이 모호해지는 등 복잡한 구조의 데이터 플랫폼 아키텍처가 되어갈 것입니다.

두 번째, '데이터 웨어하우스'에서 적재하기 어려운 빅데이터를 Data Lake에 적재하는 방안입니다. '데이터 웨어하우스'는 통상 관계형 데이터베이스 혹은 컬럼 기반의 데이터베이스를 활용하는 것이 보통이므로, 정형 데이터, 즉 관계 기반 데이터로 모델링하여 적재해야 합니다. '데이터 웨어하우스'의 데이터를 모델링할 때는 다양한 관점으로 분석이 가능하도록 하기 위해 'Star Schema'라고 불리는 형태로 '역정규화(Denormalization)'[7] 모델링 후 적재해야 합니다. (다음 '그림 9. Star Schema 예시 - 매출 분석' 참조)

그림 9. Star Schema 예시 - 매출 분석

위 그림과 같이 날짜별, 매장별, 제품별 매출(Fact) 데이터, 즉 판매수량과 판매액을 분석하기 위해서는 날짜 관점(Dimension), 매장 관점, 제품 관점의 기준정보가 필요합니다. 이와 같은 구조로 설계해야만 어떤 날짜에, 어떤 매장에, 어떤 제품이 가장 많이 혹은 적게 판매되고 있는지를 파악할 수 있을 것입니다. 위와 같이 분석 대상 데이터인 Fact를 중심으로 다양한 관점(Dimension)의 기준정보가 주변에 연결되어 있는 구조가 별 모양과 유사해서 Star Schema라고 불리고 있습니다.

'데이터 웨어하우스'는 적재 시에 이와 같은 Star Schema 구조로 모델링하여 적재해야 사용자가 분석이 가능하므로, **'적재 시 스키마 정의(Schema-on-Write)'**가 이루어져야 합니다. 이러한 복잡한 데이터 구조로 인해 데이터 변환/적재 시 비교적 많은 컴퓨팅 리소스가 필요하고, 데이터 모델링에 많은 시간이 소요되고, 모델링 변경 시

---

7 역정규화는 정규화(Normalization)과 반대의 의미로, 분석이 용이한 형태로 데이터 중복이 많이 발생할 수 있는 구조로 모델링하는 과정을 의미함.

에도 신중한 검토가 필요하고 변경에 따른 리스크가 존재합니다. 이로 인해 기존 '데이터 웨어하우스'를 변경하기 위해서는 많은 검토 시간이 소요되고, 변경 시에도 오류가 발생할 가능성이 높기 때문에, IT 운영 담당자는 변경하기를 꺼리게 됩니다. 비즈니스(현업) 담당자는 급변하는 비즈니스 환경에 대응하기 위해 다양한 분석 요건 변경을 IT 담당자에 요청하지만, 수개월 이상 소요되거나 불가능하다는 답변을 받는 것이 바로 이러한 이유 때문입니다. 이로 인해 현업 담당자들은 점차 IT 부서에 대한 불만과 '데이터 웨어하우스' 체계에 대한 불신이 점차 커지고 있습니다.

반면 Hadoop 기반의 Data Lake의 경우, **'조회 시 스키마 정의(Schema-on-Read)'**가 이루어집니다. 즉 스키마가 정의되지 않더라도 데이터를 적재할 수 있으며, 조회 시에 필요한 형태의 스키마를 정의해서 읽을 수 있습니다. 따라서 Data Lake로 적재 시에는 별다른 변환(Transform) 없이 데이터를 적재할 수 있으므로, 빠른 속도로 데이터 적재가 가능하며, 반면 데이터를 조회할 시에는 변환 처리를 수반하므로, 비교적 속도가 느립니다. 이러한 특성 때문에 현업 담당자는 분석 요건이 변경된다고 하더라도 IT 담당자에게 별도로 변경 요청을 하지 않아도 되며, 사용자 본인이 직접 데이터 분석 시 해당 요건을 반영하여 분석할 수 있는 것입니다. 즉 Data Lake는 **'쉬운 수집(Frictionless Ingestion)'**과 **'유연한 분석'**이 가능합니다. (다음 '그림 10. Schema-on-Write 대비 Schema-on-Read 비교' 참조)

	Schema-on-Write	Schema-on-Read
장점	• 데이터 조회(읽기) 속도가 빠름 • 명확한 데이터 분석 요건 존재로 가벼운 분석 용이	• 데이터 적재(쓰기) 속도가 빠름 • 다양하고, 자유로운, 유연한 데이터 분석 가능 • 분석 요건 변경 시, 별다른 모델링 변경이 불필요함
단점	• 데이터 적재(쓰기) 속도가 느림 • 다양하고, 자유로운, 유연한 데이터 분석 어려움 • 분석 요건 변경 시, 모델링 변경을 위해 많은 시간/비용 소요	• 데이터 조회(읽기) 속도가 느림 • 명확한 데이터 분석 요건 부재로 일반 사용자들의 접근 어려움

그림 10. Schema-on-Write 대비 Schema-on-Read 비교

이러한 Data Lake의 Schema-on-Read 특성으로 인한 수집이 쉬운 장점으로 인해, '데이터 웨어하우스'에 수용하기 어려운 반정형 데이터(IoT/센서 데이터, 로그 데이터 등), 비정형 데이터(이미지, 문서, 자연어 텍스트 파일 등)를 포함한 빅데이터를 Data Lake 에 적재할 수 있습니다. Star Schema 형태로 모델링하기 어려운 데이터를 Raw Data 형태로 Data Lake(Hadoop)에 적재하고, 이 데이터를 가공, 요약 후에 다시 '데이터 웨어하우스'에 수용이 가능한 형태로 모델링하여 적재하게 됩니다. 이렇게 함으로써 반정형 데이터, 비정형 데이터의 원천 포맷 데이터를 Data Lake에 적재하고, 정형/반정형/비정형 데이터의 모델링/가공한 데이터를 '데이터 웨어하우스'에 적재할 수 있게 됩니다. (다음 '그림 11. 빅데이터를 Data Lake에 적재하여 DW를 보완하는 방안' 참조)

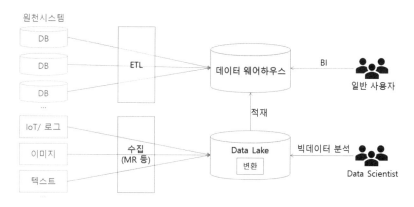

그림 11. 빅데이터를 Data Lake에 적재하여 DW를 보완하는 방안

위 그림과 같이 Legacy 시스템 데이터베이스의 정형 데이터를 ETL을 통해 추출, 변환하여 '데이터 웨어하우스'에 적재하고, IoT/로그, 이미지, 텍스트 등 반정형/비정 형 데이터를 MapReduce 등 Hadoop 기술을 활용하여 Data Lake에 적재합니다. 이 반정형/비정형 데이터는 Data Lake 내에서 요약/가공/변환 처리 후 '데이터 웨어하 우스'에 적재하는 구조입니다.

이 구조는 기존 '데이터 웨어하우스'와 Data Lake를 목적에 따라 이원화하여 관리하는 구성입니다. Data Scientist 등 고급 분석가는 Data Lake에서 빅데이터를 분석할 수 있게 되고, 기존 일반 사용자는 계속해서 '데이터 웨어하우스'를 통해 BI(Business Intelligence) 활동을 수행할 수 있습니다. 그러나 '데이터 웨어하우스'에서 발생하는 기존 ETL 부하는 계속 남아 있게 되고, DW와 Data Lake의 데이터 이원화 관리로 인해 사용자 혼란, 운영 부담이 가중될 수 있다는 단점이 있습니다.

위의 두 가지 방안 모두 현재 기업들이 처한 데이터 이슈를 일정 부분 해결할 수 있지만, 앞서 언급했듯이 이 방법은 궁극적인 지향점이 될 수 없습니다. 기존 '데이터 웨어하우스'가 가진 이슈를 모두 해결하려면, 저의 개인적인 의견이지만 (물론 오랜 기간이 걸리겠지만) **Data Lake가 DW를 대체**할 수 있어야 합니다. Data Lake가 '데이터 웨어하우스'를 대체해야만, 점점 증가하는 ETL 부하를 경감할 수 있고, 추가적인 데이터 분석을 위해 IT 담당자에 요청할 필요도 없으며, IT 담당자가 시스템에 반영하는 기간 동안 기다리지 않아도 됩니다. 즉 추가적인 사용자의 분석 니즈에도 즉시 대응이 가능하고, 기존 '데이터 웨어하우스'에서 수용하지 못하던 빅데이터에 대한 수용이 가능하며, 이로 인해 진정한 전사의 데이터 통합 분석이 가능할 것입니다. 그리고 '데이터 웨어하우스'가 계속 지속된다면, 이러한 DW의 문제점으로 인한 이슈는 점점 증가할 것입니다.

하지만 실제로 Data Lake가 '데이터 웨어하우스'를 대체할 수 있을까요? 분명히 대체해야 하는 방향성은 맞지만, 이를 현실화하기 위해서는 Data Lake 아키텍처의 높은 완성도, 다양하고 편리한 기능의 개발, 높은 데이터 정합성, 편리한 사용자 서비스 구현 등 하드웨어적 요소 외에도 추가적인 소프트웨어적 노력이 필요합니다.

첫 번째, **사용자들의 데이터 분석에 대한 인식 전환과 역량의 확보**가 필요합니다. 기존 '데이터 웨어하우스'는 정해진 데이터와 분석 방법에 따라 단순히 조회하면 되었지만, Data Lake는 본인이 직접 필요한 데이터를 찾고, 간단한 쿼리(SQL)를 통해 데이터를 확인할 수 있어야 하며, 데이터 전처리 도구를 통해 직접 데이터를 조작하고, 데이터 분석 도구를 활용하여 직접 숨겨진 Insight를 찾을 수 있어야 합니다. 물론 Data Lake 플랫폼이 이를 좀 더 쉽게 할 수 있도록 기능적 지원은 가능하지만, 사용자들의 인식의 전환과 역량(SQL 작성 등)의 확보가 병행되어야 합니다. 처음에는 물론 기존의 '데이터 웨어하우스'보다 조금 더 어렵고 불편하다고 느낄 수 있지만, 시간이 지날수록 이러한 사용자가 직접 수행하는 Self-Service의 매력에 빠질 수 있을 것으로 기대합니다.

두 번째, 기업 내 **Data Lake 활용을 독려하는 분위기**가 있어야 합니다. Data Lake 는 새로운 시스템으로, 사용자는 대부분 새로운 것에 대한 두려움이 있고, 기존의 관성대로 업무를 수행하기를 편하게 생각하기 때문에, 자신의 업무에 변화가 생기는 것을 좋아하지 않습니다. 사용자가 Data Lake의 Self-Service에 대한 매력을 직접 확인하기 전까지는 경영진의 지속적 독려가 필요합니다. 경영진과 관리자는 Data Lake 의 데이터를 기반으로 자료를 작성하도록 요청하고, Data Lake에서 조회한 데이터를 공유하면서 회의를 진행하고, 경영진이 발표하는 공식 자료에도 Data Lake의 데이터를 출처로 하는 등의 노력이 필요합니다. 이와 같은 분위기가 지속되면 사용자는 점차 Data Lake를 활용하는 것이 익숙해지고 당연하게 생각하게 될 것입니다.

세 번째, **사용자의 활용 데이터가 충분히 축적**되어야 합니다. 즉 사용자들이 충분히 많이 Data Lake를 활용해야만 활용한 정보가 축적되고, 서로의 활용 정보를 공유하면서 점차 활용도가 더 높아지게 됩니다. Data Lake는 기본적으로 Raw Data를 적재하지만, 사용자가 가공한 데이터를 다시 Data Catalog를 통해 Data Lake에 배포하여 서로 간에 공유도 가능합니다. 예를 들어, 사용자가 수행한 쿼리(SQL), 사용자가 생성한 API, 사용자가 전처리한 데이터 등을 포함합니다. (이후 제3장에서 상세히 설명할 예정입니다.) 이러한 사용자들이 편리하게 활용할 수 있는 가공 데이터가 충분히 축적되어야 결국에 자연스럽게 '데이터 웨어하우스'를 대체할 수 있을 것입니다.

4. Data Lake vs. 빅데이터(Hadoop) 플랫폼

갈수록 확대되는 데이터 용량(Volume), 실시간 데이터의 증가(Velocity), 반정형/비정형 데이터의 증가(Variety)로 인한, 즉 3V 데이터의 증가로 인한 빅데이터를 수용하기 위해, 또한 기존에 '데이터 웨어하우스'가 가진 한계점을 극복하기 위해 등장한 것이 'Hadoop'이라 불리는 빅데이터 플랫폼입니다.

Hadoop은 현재 기업들이 빅데이터를 수집하고, 적재하며, 처리하기 위해 활용하는 가장 대중적인 플랫폼입니다. 2006년 대용량 데이터의 효율적인 분산 처리/적재가 가능한 Hadoop의 등장으로 '빅데이터 플랫폼'에 대한 관심이 크게 증가하기 시작하였으며, 2010년대에 접어들면서 기업들은 실무적으로 Hadoop 플랫폼을 기반으로 빅데이터를 업무에 활용하기 위한 방안들을 찾기 시작하였습니다.

Hadoop은 오픈 소스 기반의 무료 플랫폼이고, 비교적 저렴한 하드웨어에서도 동작할 수 있게 설계되어 기업들은 큰 관심을 가지고 도입을 시작하였고, 현재까지 가장 활발히 활용중인 빅데이터 플랫폼입니다. 이러한 큰 인기 덕분에 Hadoop은 계속적으로 새로운 버전을 발표하며 완성도를 높여 가고 있고, Hadoop 기반에서 다양한 처리를 할 수 있는 소프트웨어와 도구들이 계속적으로 확장되고 있습니다.

Hadoop은 데이터의 처리와 적재를 저렴한 비용으로 수행할 수 있는 기반을 제공해 주므로, 기존의 '데이터 웨어하우스'와 같이 굳이 데이터를 선별하여 모델링 후 적재할 필요가 없습니다. 데이터 용량과 처리에 대한 걱정 없이 일단 필요한 데이터를 Hadoop에 적재 후 분산 처리를 통해 가공/분석할 수 있다는 장점이 있습니다. 이러한 Hadoop의 특성은 Data Lake가 지향점과 일치합니다. 즉 Data Lake는 Raw Data의 '쉬운 적재'와 사용자의 자유로운 분석을 지향하므로, 이러한 지향점을 가장 잘 실현할 수 있는 기술이 바로 Hadoop입니다.

결론적으로 Data Lake 플랫폼은 Hadoop이라는 빅데이터 플랫폼을 통해 가장 잘 구현될 수 있습니다. Hadoop 플랫폼을 전사 레벨로 확장한 버전이 바로 Data Lake 플랫폼이라고 결론지을 수 있을 것입니다.

5. Data Lake vs. Data Puddle/Pond

　기업들은 빅데이터의 활용을 위해, 전문적인 통계 지식과 다양한 분석 기법에 대한 지식, IT 전처리/분석 도구에 대한 지식을 보유한 데이터 분석 전문가 그룹인 Data Scientist를 양성하기 시작하였습니다. 이들 Data Science 그룹이 주축이 되어 빅데이터를 적용하기 위한 업무를 발굴하는 프로젝트를 수행하기 시작하였습니다. 빅데이터 프로젝트는 전사의 데이터를 수집하겠다는 목표가 아닌, 특정 목적의 분석을 수행하겠다는 목표였습니다. 즉, 특정 분석 타깃을 정한 후 해당 데이터만 Hadoop에 수집, 적재하여, R, Python, SAS 등 데이터 Analytics 언어/도구를 통해 분석 알고리즘을 개발하는 경우가 대부분이었습니다. 이러한 빅데이터 프로젝트는 단위 업무 또는 부서 단위로 추진하였으며, 전사 단위로 수행하는 경우는 거의 없었습니다. 최근에는 Data Lake라는 이름으로 일부 대형 기업에서 추진하기 시작하였습니다. 즉 사업부 레벨, 혹은 부서 레벨, 혹은 단위 업무 레벨에서 서로 경쟁적으로 수행하는 경우가 대부분이었고, 이렇게 빅데이터가 기업 내 곳곳에 있게 되는 경우를 '**Data Puddle**(웅덩이)' 또는 '**Data Pond**(연못)'라고 부르고 있습니다. (다음 '그림 12. '데이터 엔터프라이즈 Co'의 빅데이터 현황' 참조)

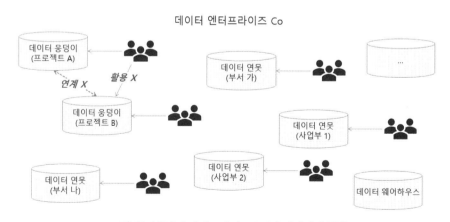

그림 12. '데이터 엔터프라이즈 Co'의 빅데이터 현황

그림에서 보듯이 '데이터 엔터프라이즈 Co'라는 가상의 회사는 빅데이터 분석/적용을 위한 프로젝트를 여러 개 수행하고 있으며, 일부는 부서별로, 일부는 사업부별, 일부는 프로젝트별로 빅데이터 저장소를 구성하고 있습니다. 그래서 '데이터 웅덩이(프로젝트 단위)' 또는 '데이터 연못(부서 혹은 사업부 단위)'이 회사 내 여러 개 존재하게 되었으며, 이 '데이터 웅덩이/연못' 간에는 데이터를 서로 연계하기 어려운 단절(Silo) 구조로 남아 있는 현상이 발생합니다. 즉, A 프로젝트를 수행하는 사용자는 B 프로젝트의 데이터 웅덩이에 접근할 수 있는 권한이 없으며, 서로 간의 데이터 연계가 이루어지지 못하게 됩니다.

이러한 단절 현상이 발생하는 근본적인 이유는 기존의 Legacy 시스템의 단절(Silo) 현상과 마찬가지의 이유로, 바로 **부서 간 이기주의** 때문입니다. A 부서가 B 시스템을 구축하게 되면, A 부서는 B 시스템의 데이터가 본인 부서의 소유이며, 본인 부서의 성과 달성을 위해 활용하기를 원합니다. 부서장 간에 서로 경쟁의 관계에 다른 부서가 이를 활용하는 것은 사실상 어려우며, 활용을 요청한다고 하더라도 매우 제한적으로 허용하거나, 형식적인 연계만 이루어지는 경우가 대부분입니다. 심지어 다른 부서가 B 시스템, 즉 원천 시스템 데이터를 연계할 경우, B 시스템의 부하를 초래하는 경우가 대부분이고, 연계를 위한 협의, 일부 추가/수정 개발 등 A 부서의 리소스를 추가 투입해야 하는 경우가 많습니다. A 부서의 입장에서는 별도 비용에 대한 확보도 없이 추가 리소스를 투입해야 하고, 다른 부서로의 연계에 의한 A 부서의 성과 기여도 인정받지 못합니다. 따라서 A 부서는 다른 부서에게 연계를 해야 하는 동기 부여가 없기 때문에 부서 간의 단절 현상은 계속 남아 있게 됩니다.

이러한 '데이터 웅덩이/연못' 구조로 인해 초래되는 문제점을 세 가지로 요약하자면, 유사 프로젝트의 중복 투자, 데이터 중복 보관으로 인한 비효율, 전사 데이터 통합/연계 분석이 불가하다는 것입니다.

첫 번째, 빅데이터 웅덩이/연못 간에 서로 연계되지 못하는 단절(Silo) 구조로 인해 **같은 회사 내에서도 동일한 내용의 프로젝트를 여러 개 수행**하게 될 수도 있습니다.

저도 이러한 Case를 실제로 고객사에서 경험하였으며, 이를 경험한 담당자의 말에 의하면 경영진은 의도적으로 부서 간 경쟁 구도를 형성한다는 것입니다. 이렇게 같은 회사 내에서도 부서 간 협업이 이루어지지 못하여 중복 투자가 발생하는 것은 금전적인 비효율을 초래할 뿐만 아니라 회사 내 부족한 인적 리소스를 효과적으로 활용하지 못하게 될 것입니다.

두 번째, 위와 같이 유사한 내용의 프로젝트를 여러 부서에서 수행하게 된다면, **데이터 중복 발생 가능성**이 높아집니다. 프로젝트 내용이 유사하니 필연적으로 유사한 데이터를 필요로 하게 될 것입니다. 그래서 회사 전체의 관점으로 본다면, 원천 시스템 내에 있는 데이터가 프로젝트 A의 '데이터 웅덩이', 프로젝트 B의 '데이터 웅덩이'에 있게 되어, 총 3벌의 동일 데이터가 존재하게 됩니다. 또한 기본적으로 Hadoop은 백업의 목적으로 3벌의 데이터 복사하여 가지게 됩니다. 그래서 총 9벌의 동일 데이터가 회사 내에 존재하게 됩니다. 빅데이터는 통상 테라바이트(Terabyte) 단위의 데이터로 매우 큰 용량임에도 불구하도, 이를 9번 복사하여 회사 내에 적재하고 있다면, 이는 너무나 큰 비용의 낭비일 것입니다. 또한 이를 지속 현행화해야 한다면 운영의 부담 역시 상당히 증가할 수밖에 없습니다.

세 번째, 이러한 '데이터 웅덩이/연못'은 **전사의 데이터를 통합/연계 분석하기 어려운 구조**입니다. 데이터 분석가는 다양한 데이터 간의 연계 분석을 하고자 하며, 이를 통해 그 전에 발견하지 못했던 새로운 Insight를 발굴하고자 합니다. 이것이 가능하기 위해서는 전사 데이터의 통합 연계가 가능해야 합니다. 즉 물리적으로 한곳에 있지 아니하더라도 자유롭게 데이터를 활용하고 연계할 수 있어야 합니다. 그러나 '데이터 웅덩이/연못' 구조는 해당 웅덩이/연못의 사용자 외에는 데이터에 접근할 권한이 없으므로, 해당 데이터가 존재하는지조차 알 수 없습니다. 우연히 해당 프로젝트의 구성원과의 대화 중 필요한 데이터가 있음을 인지하였다고 하더라도, 그 데이터에 대한 접근 권한을 얻으려면, 그 사유를 상세하게 설명하여 설득하고 해당 부서장의 승인을 득하여야 합니다. 데이터를 실제로 보지도 못한 상황에서 그 데이터가 반드시 필요하다는 것을 설득하기 어려울 뿐만 아니라, 부서 간의 경쟁 구도가 형성되어 있을 경우, 해당 부서장이 타 부서 구성원에게 데이터 접근을 승인하기 어려울 것입니다. 따라서 이러한 '데이터 웅덩이/연못' 구도하에서는 전사 데이터 통합은 거의 불가능에 가깝다고 할 수 있습니다.

이와 같이 데이터 웅덩이/연못은 Data Lake에 비해 많은 문제점을 가지고 있으며, 이를 요약하면 다음 '그림 13. Data Lake와 데이터 웅덩이/연못 간 특성 비교'와 같습니다.

	Data Lake	데이터 웅덩이/연못
데이터 수집 범위	• 전사의 모든 데이터	• 특정 분석을 위해 필요한 데이터
타겟 사용자 그룹	• 전사의 모든 구성원	• 특정 프로젝트/부서/사업부
데이터 연계 범위	• 전사의 모든 데이터	• 수집 대상 데이터에 한정
업무 적용 범위	• 전사의 모든 업무	• 특정 업무
저장소 개수	• 단일 저장소 (내부적 영역 구분은 존재)	• 빅데이터 프로젝트 수행 개수 + α
데이터 중복	• 중복 최소화	• 데이터 웅덩이/연못 간 중복 가능
데이터 공유	• 타 사용자/부서와 공유 가능	• 부서장 승인 필요 (사실상 어려움)

그림 13. Data Lake와 데이터 웅덩이/연못 간 특성 비교

위 표와 같이 Data Lake는 데이터 수집/연계 범위가 전사의 모든 데이터인 반면, '데이터 웅덩이/연못'은 특정 분석을 위해 필요한 데이터에 한정됩니다. 타깃 사용자 그룹도 Data Lake는 전사의 모든 구성원이지만, '데이터 웅덩이/연못'은 해당 프로젝트를 수행한 구성원(혹은 부서/사업부 구성원)에 한정됩니다. 업무 적용 범위도 Data Lake는 전사의 모든 업무가 대상인 반면, '데이터 웅덩이/연못'은 특정 업무가 적용 대상입니다. 저장소 개수는 Data Lake는 단일 저장소를 지향하지만, '데이터 웅덩이/연못'은 프로젝트 수행 개수만큼 저장소 개수가 증가하게 됩니다. 이로 인해 Data Lake는 데이터 중복을 최소화할 수 있지만, '데이터 웅덩이/연못'은 이들 간에 데이터 중복이 발생할 수 있습니다. Data Lake는 타 사용자/부서와 데이터를 공유할 수 있는 구조이나, '데이터 웅덩이/연못'은 해당 프로젝트/부서장의 승인이 필요하여 사실상 공유하기 어려운 구조입니다.

6. Data Lake vs. Data Swamp

Data Lake와 또 하나의 대비되는 개념으로 'Data Swamp(데이터 늪)'라는 용어를 쓰기도 합니다. '데이터 늪'이라는 용어에서 알 수 있듯이 내부가 투명하지 않아 무엇이 있는지 알 수 없고 활용하기 어렵다는 의미입니다. Data Lake의 데이터에 대한 거버넌스가 잘 이루어지지 못할 경우에 Data Lake는 이 '데이터 늪'으로 변해 버리고 맙니다. Data Lake를 구축하였으나 이렇게 '데이터 늪'으로 변해 버려, 사실상 실패하게 되는 경우는 빈번히 있습니다.

자신의 회사에서 구축한 Data Lake가 '데이터 늪'으로 변했는지 확인 또는 진단할 수 있는 몇 가지 방법이 있습니다.

첫 번째, 사용자가 **자신이 원하는 데이터를 쉽게 찾을 수 있는지 확인해** 보는 것입니다. 예를 들어, 고객과 관련된 데이터를 찾고 싶다면, '고객'이라고 입력했을 때, 전사의 고객 정보를 담고 있는 모든 테이블/파일 등이 조회되어야 합니다. 그렇지 않고 일부 데이터만 조회되는 경우 혹은 정확한 물리 테이블명, 파일명을 입력해야 되는 경우라면 현재 Data Lake는 '데이터 늪'일 가능성이 높습니다. 예를 들어, 일부 테이블은 'customer_', 일부는 'cust_' 등 다양한 방식으로 고객 테이블을 관리하고 있는 경우, 'customer'로 검색하면 'cust_'로 시작하는 테이블명은 조회되지 않을 것입니다. 즉 사용자가 원하는 데이터를 찾기 위해서는 테이블명, 파일명을 정확하게 알고 있어야 합니다. 이는 각 '데이터 객체'에 대한 비즈니스 메타데이터를 정확하게 관리하지 못해서 발생하는 현상입니다. '데이터 객체'에 대한 비즈니스 메타데이터 정보를 정확하게, 그리고 충실히 관리해야만 사용자가 비즈니스 용어를 통해 필요한 데이터를 찾을 수 있습니다. Data Lake가 '데이터 늪'으로 변하지 않기 위해서는 비즈니스 메타데이터 관리가 매우 중요하다는 사실을 보여 주는 것입니다.

두 번째, 자신이 필요한 데이터를 찾은 후에 해당 **데이터에 대한 필요한 배경지식(Context) 정보를 이해 가능한지 점검**해 보는 것입니다. 데이터에 대해 필요한

Context 정보란, 해당 데이터가 생성된 비즈니스 Context를 이해할 수 있고, 활용을 위해 필요한 상세한 기술적 정보입니다. 예를 들어, 고객 테이블을 검색하여 찾았으나, 해당 데이터가 어떤 원천 시스템으로부터 어떤 업무 처리에 의해 어떻게 만들어진 것인지, 어떤 업무로부터 생성되었는지, 현행화는 잘 이루어지고 있는지, 정합성은 잘 맞는지, 어떤 테이블과 Join하여 주로 활용하는지 활용 패턴 등을 확인하지 못한다면, 이 데이터를 활용 가능한지에 대한 확신을 가질 수 없을 것입니다. 그러면 Data Lake는 결국 활용하지 못하는 '데이터 늪'이 되어 버리고 맙니다.

세 번째, Data Lake의 **데이터를 다양한 방식으로 활용이 가능한지 확인**해 보는 것입니다. 데이터는 결국 활용을 위해 존재하므로, 활용되지 못한다면 '데이터 늪'이라는 증거입니다. 즉 데이터를 원하는 타깃 저장소 혹은 데이터베이스로 다운로드 혹은 전송이 가능한지, 원하는 주기를 설정하고 이에 따라 자동으로 연계가 가능한지, 데이터를 정제, 전처리한 결과를 다시 Data Catalog에 배포가 가능한지, 다양한 데이터 분석 도구를 연계하여 분석이 가능한지 등을 확인해야 합니다. Data Lake는 사용자의 Self-Service를 기반으로 운영되는 시스템이므로, 사용자에게 다양한 방식으로의 활용을 보장해 주어야 합니다. 이것이 어려울 경우, Data Lake는 활용되지 못하는 '데이터 늪'이 되고 말 것입니다.

	Data Lake	데이터 늪
검색	• 비즈니스(업무) 용어로 검색이 용이	• 정확한 테이블/파일명으로 검색 필요
비즈/기술적 이해	• 비즈니스 Context 이해 용이 • 기술적 상세사항 확인 가능	• 데이터의 생성 경로/방법, 관련 업무, 현행화 여부, 정합성 정도, 활용 방법 등 이해 불가
데이터 다운로드	• 원하는 위치, 주기로 자동 다운로드	• 특정 위치, 1회성 다운로드
데이터 정제/전처리	• 조회한 데이터를 정제/전처리 하여 Catalog에 배포 가능	• 데이터 조회만 가능 • Catalog에 재배포 불가
데이터 분석	• 다양한 분석 도구와 연계 가능	• 자신의 로컬 PC에 다운로드 후 분석

그림 14. Data Lake와 데이터 늪 간 특성 비교

Data Lake 대비 '데이터 늪'의 특성을 요약하면 '그림 14. Data Lake와 데이터 늪 간

특성 비교'와 같습니다. 특성 비교에서 알 수 있듯이, 메타데이터의 충실한 입력/관리, 다양한 사용자 친화적 기능을 구현해야 데이터 늪으로 변화될 가능성을 줄일 수 있음을 알 수 있습니다.

7. Data Lake의 지향점

Data Lake는 전사의 Raw Data를 수집하고, 전사의 다양한 사용자에게 데이터 Self-Service를 제공하는 플랫폼입니다. 이는 앞서 여러 가지 관점으로 설명했듯이 **'전사 레벨의 전환(Enterprise-level Transformation)'이 필요**한 매우 도전적인 과제입니다. 최근 여러 기업들이 **'디지털 전환(DT: Digital Transformation)'**이라는 이름의 혁신 프로젝트를 중점적으로 추진 중에 있고, Data Lake는 이 DT의 핵심 과제 중 하나입니다. '전환(Transformation)'이라는 말은 단순한 '변화(Change)'와는 다른 말입니다. 변화는 A로부터 A+(부분적 변경)로 변하는 '과정(Process)'의 의미를 내포하고 있고, 전환은 A로부터 B(완전히 다른 것)로 변하는 '결과(Outcome)'를 내포하는 것입니다.

Data Lake 프로젝트는 **전사의 데이터 활용 문화를 전환**하는 작업입니다. 기존의 '데이터 웨어하우스'는 정해진 분석 관점과 분석 방법과 데이터 포맷에 따라 데이터를 분석하는 것을 지향했다면, Data Lake는 사용자의 자유 의지에 따라 다양한 분석 관점과 분석 방법과 데이터 포맷으로 데이터를 분석하는 것을 지향합니다. 기존의 '빅데이터 웅덩이/연못'은 특정 목적에 따라 특정 사용자(전문가) 그룹이 데이터를 활용하는 것을 지향했다면, Data Lake는 전사의 다양한 그룹의 사용자가 다양한 목적으로 데이터를 활용하는 것을 지향합니다. 즉 기존의 '특정 계층과 전문가 중심의 중앙집권화(Dictatorship)'에서 **'사용자 중심의 민주화(Democratization)'**로 전환하는 것을 지향합니다. (다음 '그림 15. 과거 IT 지향점 대비 Data Lake 지향점' 참조) 이는 최근에 IT 여러 분야에서 키워드로 언급되고 있는 '사용자 권한이양(Empowerment)', '크라우드 소싱(Crowd Sourcing)', '집단 지성(Collective Intelligence)', '클라우드(Cloud)' 등을 통해 '대중화', '투명성', '수평성' 등을 지향하고 있는 Trend와도 동일한 선상에 있다고 볼 수 있습니다.

과거 IT 지향점	Data Lake 지향점
중앙집권화(Dictatorship)	민주화(Democratization)
특정 사용자층/전문가 중심	일반 사용자(Citizen) 중심
신중함(오류의 최소화)	민첩성(Agile)
정해진 목적/기능/데이터	다양한 목적/기능/데이터

그림 15. 과거 IT 지향점 대비 Data Lake 지향점

이러한 데이터 민주화로의 전환을 달성하기 위해서는 다양한 **업무/조직/프로세스/시스템의 변화를 필요**로 합니다. 과거에 전사 레벨의 혁신이라는 이w름으로 추진했던 과제들, 대표적으로 ERP(전사자원관리), 데이터 웨어하우스, KM(지식관리) 등을 떠올려 보면, DT 또는 Data Lake 과제가 얼마나 많은 투자와 전사적인 노력이 필요한지 어느 정도 감을 잡을 수 있을 것으로 예상합니다. 이후 제3장, 제4장, 제5장을 통해 이러한 전사적 전환을 달성하기 위해 어떤 노력들이 필요한지 제가 고민했던 내용들을 공유하도록 하겠습니다.

제3장

Data Lake는
어떻게 구축해야
하는가?

Data Lake가 지향하는 바를 이해한 후에는 본격적으로 구축 계획을 수립해야 합니다. (다음 '그림 16. Data Lake 구현 단계' 참조)

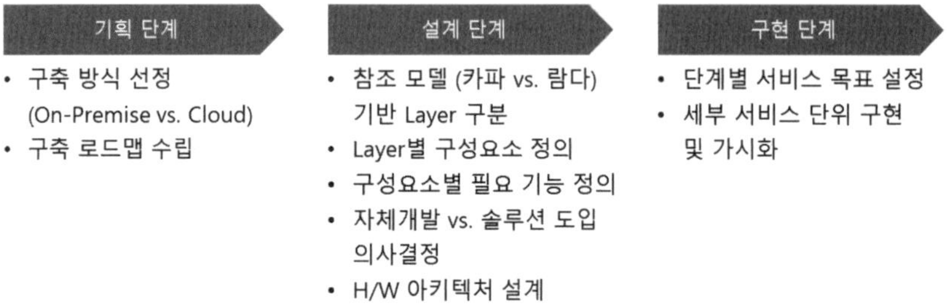

기획 단계	설계 단계	구현 단계
• 구축 방식 선정 (On-Premise vs. Cloud) • 구축 로드맵 수립	• 참조 모델 (카파 vs. 람다) 기반 Layer 구분 • Layer별 구성요소 정의 • 구성요소별 필요 기능 정의 • 자체개발 vs. 솔루션 도입 의사결정 • H/W 아키텍처 설계	• 단계별 서비스 목표 설정 • 세부 서비스 단위 구현 및 가시화

그림 16. Data Lake 구현 단계

Data Lake를 어떤 방식(On-Premise 혹은 Cloud)으로 구축할 것인지, 어떤 로드맵을 가지고 구축할 것인지를 검토하고 계획을 수립해야 합니다. 계획을 수립한 이후에는 Data Lake의 청사진(설계도), 즉 아키텍처를 설계해야 합니다. Data Lake의 참조 모델(카파 아키텍처 혹은 람다 아키텍처)을 기반으로 영역(Layer)을 구분하고, 영역별 구성요소를 정의하고, 구성요소별 필요 기능을 정의합니다. 또한 구성요소별로 자체 개발할 것인지 외부의 솔루션을 도입할 것인지를 의사결정 합니다. 그리고 필요한 성능이 보장되도록 H/W 아키텍처를 설계한 후에 계획한 로드맵에 따라 실제 구현을 시작합니다. 구현 시에는 단계별 명확한 서비스 목표를 설정하고, 세부 서비스 단위로 구현하여 성과를 가시화함으로써, 이후 단계의 사업 추진에 용이하도록 합니다. 또한 이후 단계에서 서비스를 재개발하지 않도록 확장 가능성을 염두에 두고 구현해야 합니다.

1. Data Lake 구현 방식: On-Premise vs. Cloud

Data Lake를 구현하는 방식에는 **On-Premise 방식**과 **Cloud 방식**, Cloud 방식 내에서도 **Private Cloud**로 구현하는 방식, **Public Cloud**로 구현하는 방식, 이를 혼합한 **Hybrid Cloud**로 구현하는 방식이 있습니다.

On-Premise 방식은 기존 방식대로 모든 필요한 하드웨어를 구매하여 자사의 데이터센터에 구성한 후 필요한 기능을 구현하는 방식입니다. (다음 '그림 17. On-Premise 대비 Cloud 구현 방식 비교' 참조)

On-Premise	vs.	Cloud
• 리소스 소요 변동 폭이 적을 시 유리 • 실시간 처리 비중이 높을 시 유리 • 향후 확장 가능성 적을 경우 유리 • 전사 공통 비용 기반으로 운영 시 유리		• 리소스 소요 변동 폭이 클 경우 유리 • 배치성 업무 처리 비중이 높을 시 유리 • 향후 확장 가능성 높을 경우 유리 • 조직별 사용량에 따른 비용 배분 시 유리

그림 17. On-Premise 대비 Cloud 구현 방식 비교

그림에서 보듯이 On-Premise 방식은 리소스 소요 변동 폭이 적을 경우, 실시간 데이터 처리가 비즈니스에서 Critical할 경우, 향후 확장 가능성이 적을 경우, 전사 공통 비용 기반으로 운영 시에 유리한 방식입니다. 이와 반대의 경우는 Cloud 방식이 유리합니다.

예를 들어, 리소스 소요가 1달 중에 혹은 1년 중에 특정 시점에만 폭증할 경우, 이 폭증하는 시점에 기준하여 모든 시스템과 인프라를 구성한다면, 해당 시점을 제외한 나머지 시점에는 그 리소스가 필요하지 않게 되므로, 리소스의 낭비가 발생합니다. 이럴 경우에는 Cloud 방식이 유리하다는 것입니다.

또한 Cloud 방식은 내부에서 리소스의 배분, 로딩 시간 등 복잡한 내부 구조로 인해 On-Premise 방식 대비 추가적인 시간 소요가 발생합니다. 따라서 초 이하 단위의 처리를 요하는 시스템의 경우에는 On-Premise 방식으로 구성해야 합니다. (예: IoT

센서 데이터의 실시간 수집/처리 등의 경우)

그리고 회사의 비즈니스가 매년 큰 폭으로 확장하고 있거나, IT 시스템의 수요가 크게 증가하고 있는 상황에서는, On-Premise 방식보다는 Cloud 방식이 유리합니다. Cloud 방식은 추가 리소스가 필요한 경우, 하드웨어를 거의 Plug-In/On 수준으로 자동으로 수용하여 확장이 가능한 반면, On-Premise 방식은 추가 구매한 하드웨어를 기존 시스템과의 전체적인 분배를 고려하여 수작업으로 재구성해야 합니다. 즉 많은 수작업과 시간이 소요됩니다. 따라서 확장 변동성이 큰 기업의 경우에는 Cloud 방식으로 구현하는 것이 유리합니다.

마지막으로 Cloud 방식은 원래 목적 자체가 '이용한 만큼 지불하자'는 원칙을 기반으로 하므로, 사용자별/조직별 사용량 측정 체계를 구현하는 것을 기본으로 합니다. 즉 요금 정책의 설정에 따라 이용 요금도 사용량에 기반하여 자동으로 책정되고, 해당 사용자/조직에 이용 요금을 청구해야 합니다. 이러한 체계를 '빌링 시스템(Billing System)'이라 부르는데, 통신 회사의 핵심 모듈 중 하나라고 보시면 되고, 가장 구현하기 어려운 영역으로 꼽히는 시스템입니다. 따라서 이러한 사업부/부서에 사용량을 기반으로 요금을 청구하는 내부 거래가 필요하다면 Cloud 방식으로 구현하는 것이 유리합니다.

Cloud 방식으로 구현하는 것으로 결정한 경우, 앞서 언급했듯이 자사 내부에서 모든 Cloud 기능을 구현하는 **Private Cloud 방식**과 외부의 Cloud 서비스 공급자로부터 구매하여 이용하는 **Public Cloud 방식**이 있어 어떤 방식으로 해야 할지에 대한 의사 결정이 필요합니다. (다음 '그림 18. Private Cloud 대비 Public Cloud 구현 방식 비교' 참조)

Private Cloud	vs.	Public Cloud
• 엄격한 데이터 보안 규제/정책 존재		• 민감 데이터 보안, 규제 이슈 적을 시
• 구성원의 충분한 구현 역량/비용 보유		• 자사의 IT 구현 역량 충분하지 못할 시
• 장기간에 단계별로 기능 구현 시		• 단기간에 적은 비용으로 구현 필요 시
• Cloud 서비스의 자사 핵심 역량화		• 단순히 Cloud 서비스를 이용
• 필요한 서비스가 외부 벤더에 없을 시		• 필요한 서비스를 외부에서 조달 가능 시
• 급격한 리소스 수요 변동 적을 시		• 급격한 리소스 수요 변동 존재

그림 18. Private Cloud 대비 Public Cloud 구현 방식 비교

Private Cloud 방식은 모든 데이터를 기업 내부에 두는 방식이므로, 민감 데이터에 대한 보안 이슈, 데이터 산업 보안에 대한 규제 존재로 기업 외부에 데이터를 두지 못하는 경우에 적합한 방식입니다. 특정 데이터(국가 핵심 산업의 경우 설계/개발 데이터 등)는 사외로 데이터를 유출하거나 두어서는 안 된다는 정부의 규제가 있으므로 이를 반드시 확인하여 구축 이후에 큰 이슈가 되지 않도록 해야 합니다.

또한 Private Cloud 방식은 모든 Cloud 기능을 내부에서 구현 가능할 정도의 충분한 역량과 예산을 보유하고 있을 경우에 선택해야 합니다. Amazon AWS나 Microsoft Azure와 같은 Cloud 서비스를 자사 내부에서 구현한다고 생각하면 얼마나 어렵고 많은 시간과 비용이 소요되는 작업인지 감을 잡을 수 있을 것입니다. 반면 Public Cloud 방식은 AWS 등의 외부 Cloud 벤더의 서비스를 이용하는 것이므로, 자체적으로 구축할 필요가 없습니다. IT 시스템에 충분히 투자할 만큼의 예산과 내부 기술 인력을 보유하고 있지 못한 경우에는 Public Cloud 방식을 선택해야 합니다.

그리고 단기간에 적은 비용으로 일단 Data Lake 구축하여 이용하고 싶은 경우에는 Public Cloud 방식을 선택해야 합니다. Private Cloud 방식은 중/장기 구현 로드맵에 따라 순차적으로 서비스를 구현할 수밖에 없으므로, 단기간에 모든 서비스 구현은 사실상 불가능합니다.

또한 정보화 투자에 큰 비중을 두고 있고, IT 시스템의 구현 정도에 따라 자사의 성패가 결정되는 산업의 경우, 즉 정보화 강도가 매우 높은 산업의 경우에는 Cloud 서비스를 자사의 핵심 역량화하여 경쟁 우위의 도구로 활용하고자 할 것입니다. 예를 들어, 구글이나 아마존과 같은 기업을 떠올려 보면 IT 시스템의 경쟁력이 곧 기업의 경쟁력이 되는 것을 이해할 수 있을 것입니다. 이 경우에는 외부의 Public Cloud 서비스를 단순히 이용하는 것보다는 자사의 Private Cloud를 구축하여 경쟁력을 높여 감으로써, 산업 내에서도 경쟁 우위를 확보하는 것이 유리할 것입니다.

다음으로 Public Cloud 서비스에서 자신의 회사가 원하는 특정 중요한 요구사항을 제공하지 못할 수도 있습니다. 앞서 언급한 IoT 센서 데이터의 실시간 스트리밍 처리와 같은 경우가 대표적인 사례입니다. 이러한 특수한 요건을 가진 기업의 경우에는 자체적인 Private Cloud를 통해 서비스를 구현하는 것이 바람직할 것입니다.

마지막으로 기업 내부에 Cloud 인프라 구축 시, 즉 Private Cloud 구축 시, 최대 수요 시점에 맞추어서 구축하는 것은 비용 대비 효과 측면에서 매우 좋지 못할 것입니다. 해당 최대 수요 시점에만 인프라 활용도가 높을 것이고, 그 외 대부분의 시간은 대부분의 인프라가 Idle 상태에 있을 것이기 때문입니다. 따라서 최대 수요와 최소 수요 사이의 변동폭이 크지 않을 경우에는 Private Cloud가 비교적 유리할 것이며, 변동폭이 너무 커서 큰 비효율이 초래될 경우에는 Public Cloud로 구현하는 것이 전체적인 비용 측면에서 더 효과적일 것입니다. 즉 평소에는 낮은 이용료를 지불하고, 최대 수요 시점에만 높은 이용료를 지불하는 것이 TCO(Total Cost Operation)가 더 낮을 것이기 때문입니다.

그러나 기업의 모든 구축 요건이 On-Premise에 적합하거나, Private Cloud 혹은 Public Cloud 방식에 적합할 경우는 현실적으로 극히 드물 것입니다. 현실에서는 어떤 요건은 On-Premise에 적합하고, 또 어떤 요건은 Private Cloud에 적합하고, 또 다른 요건은 Public Cloud에 적합할 경우가 대부분일 것입니다. 즉 각 방식의 일부가 적합하여 이들 방식들을 조합해야 할 경우가 다수일 것입니다.

예를 들어, 자동차 제조 회사의 경우, 각종 센서로부터의 실시간 데이터를 받아 자동차의 이상 유무를 판단해야 하는 비즈니스에 Critical하므로 On-Premise로 구축해야 할 것입니다. 그리고 자동차의 운행 패턴 분석에 따른 자율주행의 오류를 수정하는 등 자율주행 로직의 완성도를 높이는 부분은 배치성 업무로 Cloud로 구현하는 것이 더 바람직하며, 소유주에 대한 정보, 주행 데이터는 민감한 개인 정보로써 기업의 외부에 절대로 누출되면 안 되므로, Private Cloud로 구현되는 것이 바람직할 것입니다. 또한 자동차 제조 기업은 IT 기술에 대한 전문성이 높았던 산업이 아니었으나, 최근에 자율주행 등으로 인해 급격하게 IT 기술과 데이터 기술에 대한 관심이 높아진 것이 사실입니다. (전기 자동차 회사인 '테슬라'를 생각한다면 이해가 빠를 것입니다.)

이러한 상황에서 데이터 수집, 처리, 적재, 제공, 사용자 서비스에 이르는 모든 기능을 내부에서 구현하기에는 너무나 큰 인적/비용적 리소스가 소요되며, 모든 기능을 구현하는 데 오랜 기간이 소요될 것입니다. 급변하는 현재의 자동차 산업 환경에서 오랜 기간이 소요된다는 것은 큰 리스크를 수반합니다. 따라서 가능한 한 Private Cloud보다는 Public Cloud로 구현하는 것이 바람직할 것입니다. (다음 '그림 19. '자동차 엔터프라이즈 Co'의 Hybrid Cloud 예시' 참조)

그림 19. '자동차 엔터프라이즈 Co'의 Hybrid Cloud 예시

이와 같이 On-Premise, Private Cloud, Public Cloud의 여러 가지 방식을 조합하여 구현하는 것을 **Hybrid Cloud 방식**이라고 합니다. 특수한 상황에 처한 기업을 제외하고는 아마 대부분의 기업들은 이런 Hybrid Cloud 방식이 최적의 방식일 것입니다. 예를 들어, 규모가 작은 신생 기업으로 급격하게 성장중인 기업은 Public Cloud 방식으로 구현할 수밖에 없을 것입니다. 과거에 비해 산업 구조/환경의 변화도 적어 변동성이 적은(예를 들어, 시멘트 제조 기업 등) 기업은 과거에 On-Premise로 구축한 IT 시스템을 지속적으로 유지보수하면서 운영하는 것이 바람직할 것입니다. 이러한 시멘트 제조 기업 회사가 최신의 IT Trend에 따라 Cloud 등에 많은 리소스를 투자하는 것은 오히려 기업의 경쟁력을 해치는 일일 것입니다. 이와 같이 각 기업이 처한 산업 환경과 자사의 비즈니스 전략을 고려하여 적합한 방식을 선택하는 것이 최선일 것입니다.

2. Data Lake 구축 로드맵

Data Lake 구축 방식을 선택한 후에는 무엇을 어떤 단계를 거쳐서 구축할지 계획을 수립해야 합니다. 단계별 계획 수립 시 특히 유의해야 할 점은 **Data Lake 구축은 장기간이 소요되는 전사적 전환 과제**라는 점입니다. 과거 경험에 의하면, 전사적 레벨의 변화가 수반되어야 하는 과제의 경우, 모든 기능을 단기간에 구축하여 한 번에 오픈하는 '**빅뱅 접근법**(Big Bang Approach)'으로 추진하는 방법이 있고, 단계별로 기능을 구축하여 오픈하는 '**단계별 접근법**(Phased Approach)'으로 추진하는 방법이 있습니다.

'빅뱅 접근법'은 과거 ERP[8]의 사례처럼, **모든 기능을 보유한 단일 솔루션을 각 회사에 맞추어 구현**하는 경우에 적합한 방법입니다. 물론 이 경우에도 기업이 상이한 특성의 다수의 사업을 영위하는 경우, 사업부별로 구축해야 할 것입니다. 또한 지역별/권역별로 구축하는 경우도 다수 있는데, 이는 본사 지역에 우선 구현한 후 타 지역에 동일한 솔루션을 Roll-Out하는 개념이라, 단계별 접근법이라고 보기는 어렵습니다. 즉 '빅뱅 접근법'으로 구축하는 기업일지라도 지역 단위의 Roll-Out은 있을 수 있다고 생각하면 됩니다. 단, 지역별 Roll-Out도 언어, 지역별 특이 프로세스 등 일부 Customize는 있을 수는 있습니다.

그러면 Data Lake는 이러한 '빅뱅 접근법'이 가능할까요? 이를 판단하기 위해서는 우선 시장에 출시된 Data Lake 솔루션을 조사할 필요가 있습니다. Data Lake 솔루션은 크게 Hadoop 생태계(Ecosystem)으로 구성된 **Hadoop 기반 솔루션**과 Amazon AWS, Microsoft Azure 등 Cloud 벤더가 제공하는 **Cloud 솔루션**으로 구분될 수 있습니다.

Hadoop은 Data Lake가 표방하는 특징들을 수용 가능한 현실적으로 거의 유일

---

8   Enterprise Resource Planning의 약자로써, 전사적 자원 관리의 의미.

한 솔루션이라 볼 수 있으며, 대부분의 기업에서 Data Lake 솔루션으로서 채택(최소한 현재 시점에서는)하고 있습니다. 또한 많은 기업에서 활발하게 적용하여 활용 중이다 보니 계속해서 새로운 기능을 보유한 Hadoop 기반 솔루션이 개발되고 있고, 기존 솔루션도 신규 기능이 탑재되는 등 날이 갈수록 그 기능이 확대되고 있습니다. Hadoop의 특징은 다들 알고 있겠지만, 빅데이터의 분산 처리를 위한 Open-Source 기반의 무료 솔루션이므로, 비교적 저비용으로 대용량 데이터를 수집, 처리와 적재 가능합니다. (다음 '그림 20. Hadoop 기반 영역별 솔루션' 참조)

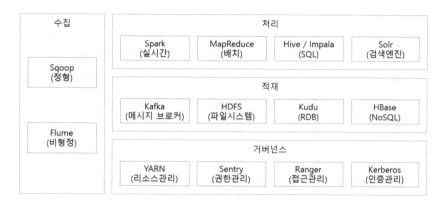

그림 20. Hadoop 기반 영역별 솔루션

그림에서 알 수 있듯이 데이터를 수집하는 솔루션으로는 정형 데이터 수집을 위한 Sqoop, 로그 등 반정형 데이터 수집을 위한 Flume 등이 있고, 데이터를 처리하는 솔루션으로써 배치 처리는 MapReduce, 실시간 스트리밍 처리를 위한 Spark, SQL 처리를 위한 Hive, Impala, 검색엔진은 Solr 등이 있습니다. 데이터 저장소로써 파일 시스템은 HDFS, 관계형 데이터베이스는 Kudu, NoSQL 데이터베이스는 HBase 등이 있습니다. 거버넌스 솔루션은 전체 리소스를 배분하고 관리하는 YARN, 권한 관리를 위한 Sentry, 접근 관리를 위한 Ranger, 인증 관리를 위한 Kerberos 등이 있습니다. 이와 같이 Hadoop은 Data Lake를 구성하는 각 영역별로 다양한 무료 Open-

Source 솔루션을 제공하고 있고, 또한 Cloudera 등 일부 벤더는 Hadoop을 기반으로 Data Lake 상용 솔루션을 제공하기도 합니다. (다음 '그림 21. Cloudera Data Lake 서비스' 참조)

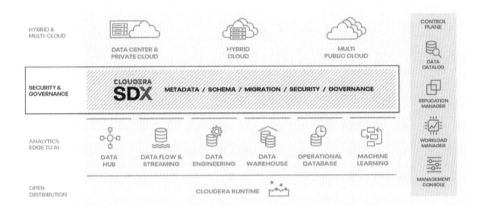

그림 21. Cloudera Data Lake 서비스

Data Lake 상용 솔루션은 Apache Hadoop에서 제공하는 기능에 추가하여, 위의 그림에 보듯이 Cloudera에서는 거버넌스와 보안에 필요한 기능을 추가하여 제공합니다. 즉 메타데이터 관리, 스키마 모델링, 데이터 이관(Migration), 보안, 거버넌스 등의 기능을 추가하여 서비스를 제공합니다.

이와 같이 상용 솔루션은 분명 영역별로 필요한 기능을 어느 정도 구성해 놓은 것은 사실이나, SAP ERP 패키지와 같은 모습을 기대해서는 안 됩니다. 즉 솔루션을 설치하고 각 기업 상황에 맞게 커스터마이징만 하면 되는 수준의 솔루션은 아닙니다. 상용 솔루션이긴 하지만 분명 추가로 개발해야 하는 영역들이 많이 있으며, 이와 같은 상용 솔루션을 구입하는 데 있어서 장점은 어느 정도 기능이 구성된 상태에서 개발을 할 수 있다는 점, 운영 시 필요한 모니터링/관리 기능들, 기술 이슈 발생 시 벤더에서 책임을 지고 문제들을 해결해 주는 점 등이 있을 것입니다.

Cloud 솔루션은 Cloudera와 같은 Hadoop 솔루션 벤더와는 달리 **Data Lake에 필요한 구성요소들을 Cloud 서비스 형태로 제공**합니다. 예를 들어, 'Amazon Web Service(AWS)'에서 제공하는 Data Lake 솔루션은 'AWS Glue'를 통해 필요한 데이터를 수집(Crawling), 변환/적재(ETL)하고, 정형 데이터는 'NoSQL 데이터베이스' 역할을 하는 'Amazon DynamoDB'에, 비정형 데이터는 'Amazon S3(Object Storage)'에 적재하고, 'Amazon Elasticsearch Service'를 통해 검색에 필요한 인덱싱과 검색 서비스를 제공합니다. 또한 'Amazon Cognito'를 통해 사용자 인증/권한 관리 서비스를 제공하고, 'AWS Glue'를 통해 Data Catalog 서비스와 데이터 추출/변환/적재(ETL) 서비스를 제공하고 있습니다. 그리고 'AWS Glue'와 연동하여 '대화식 쿼리 서비스'인 'Amazon Athena' 서비스도 제공합니다. (다음 '그림 22. AWS Data Lake 솔루션' 참조)

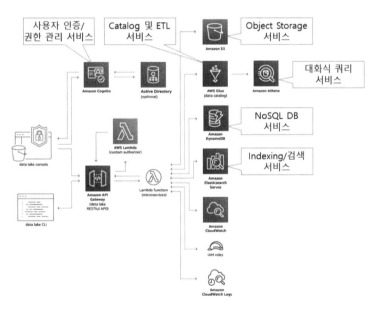

그림 22. AWS Data Lake 솔루션

이와 같이 Cloud 솔루션을 통해 초기 투자 비용/기간을 최소화하여 필요한 Data Lake 서비스를 이용할 수 있으며, 유지보수와 운영에 대한 부담도 최소화할 수 있습니다.

Data Lake 구축을 위해 Hadoop 솔루션을 이용할 경우와 Cloud 솔루션을 이용할 경우의 장/단점을 요약해 보자면, (다음의 '그림 23. Data Lake 구축 시 이용 솔루션 간 비교' 참조) Hadoop 솔루션을 이용할 때는, 먼저 Open-Source 기반의 무료 솔루션을 활용하므로 솔루션 구매 비용을 절감할 수 있고, (단, Cloudera와 같은 상용 Hadoop 솔루션 구매 시에는 일부 소요될 수 있습니다.) 각 기업에 최적화된 기능을 구현할 수 있습니다. 즉 해당 기업에 불필요한 기능은 구현하지 않고, 필요한 기능만을 개발할 수 있습니다. 그리고 기업의 구성원이 직접 개발하므로, Hadoop 솔루션에 대한 전문적인 역량을 확보할 수 있어 빅데이터를 핵심 역량으로 활용하고자 하는 기업에게는 필수적인 요소가 될 수 있으며, 특정 솔루션 벤더에 의존하게 되는 Lock-In 현상에 노출될 가능성이 낮아집니다. 벤더 Lock-In이란, 해당 벤더에 지나치게 의존적이 되어, 벤더가 없을 경우 기업의 중요 활동에 위협을 초래하고 향후 큰 비용 증가의 요소가 될 수 있는 상황을 의미합니다.

	Hadoop 솔루션 이용 시	Cloud 솔루션 이용 시
장점	• Open-Source 기반으로 솔루션 구매 비용 절감 (상용 솔루션 구매 시에는 일부 증가) • 각 기업에 최적화된 형태로 커스터마이즈 • 구성원의 Hadoop에 대한 전문 역량 확보 • 특정 벤더에 Lock-In 가능성 감소	• Lake 구축 위한 기간, 인력, 인프라 초기 투자 최소화 • 다양한 기술요소별 전문인력 확보 불필요 • 유지보수/운영 부담 최소화 (솔루션 벤더에서 기술적 이슈 해결)
단점	• Lake 구축에 많은 기간, 인력, 인프라 초기 투자 필요 • 다양한 기술요소별 전문 개발/운영인력 소싱 어려움 • 유지보수/운영 부담 증가 (상용 솔루션 구매 시 일부 완화 가능)	• 솔루션 이용량에 따른 이용 요금 부과 (지속적 많은 활용 기업 비용 부담 증가) • 각 솔루션의 기능을 해당 기업에 최적화되도록 커스터마이즈 불가 • 솔루션 벤더에 대한 의존도 높아 Lock-In 가능성 증가하고 구성원 역량 증대 제한

그림 23. Data Lake 구축 시 이용 솔루션 간 비교

반면, Hadoop 솔루션을 이용하여 Data Lake 구축 시의 단점은 많은 구축 기간, 인력과 인프라 초기 투자가 필요하다는 것입니다. 단, 인프라 투자는 비교적 저렴한 리눅스 기반의 x86 서버를 활용하면 투자 비용을 많이 절감할 수는 있으나, 일부 상

용 Object Storage 등의 서버 제품은 매우 큰 비용이 소요되니 주의가 필요합니다. 또한 다양한 기술요소별로 개발 및 운영을 위한 전문 인력을 확보해야 하는데, 이 부분도 현실적으로 큰 부담일 수 있습니다. 실제 프로젝트 진행 시, 이러한 특정 전문 인력이 시장에 많지 않을 뿐만 아니라, 프로젝트 시기와도 맞아야 하며, 프로젝트를 진행하는 기업 측의 인력도 필요하므로 실무자 입장에서는 가장 큰 부담 요인으로 작용하기도 합니다. 그리고 유지보수/운영 시에도 기술적 문제 발생 시, 자체적으로 해결해야 하는데, 여러 솔루션이 맞물려 작동하다 보니, 외부의 전문 인력의 도움을 받아야 할 경우도 많습니다. 그래서 이러한 외부 전문가 Pool을 확보해 놓고, 즉시 도움을 받을 수 있는 체계도 만들어야 하는 등 운영에 대한 부담이 상당한 측면이 있습니다.

　Cloud 솔루션을 이용하여 Data Lake 서비스를 구축한다면, 초기 구축 기간과 비용을 최소화하면서, Cloud 벤더에서 개발/운영에 대한 기술 문제를 모두 해결하므로 인력과 유지보수에 대한 부담을 최소화할 수 있습니다. 하지만 활용량에 따른 과금 체계로 인해 비용 부담이 증가하고, 솔루션 기능은 일반화되어 있어 개별 기업에 맞도록 커스터마이즈 하기 어려우며, 벤더에 대한 의존도 증가로 Lock-In에 대한 우려와 함께 내부 구성원의 역량 향상에도 한계가 있습니다.

　이러한 각 솔루션 활용 시의 장/단점을 잘 고려하여 기업의 비즈니스 상황에 맞는 솔루션을 현명하게 선택하는 것이 필요합니다. 개인적 의견으로는 **빅데이터를 핵심 역량으로 고려하고 충분한 리소스를 보유한 기업**은 자신들만의 솔루션 구축을 위해 Hadoop 솔루션을 이용하여 구축하고, 이를 제외하고는 Cloud 솔루션을 이용하여 구축하는 것이 유리할 것으로 생각합니다. 빅데이터를 핵심 역량으로 고려해야 하는 기업의 식별은 Michael Porter의 "정보화 강도(Information Intensity)"를 참고할 필요가 있습니다. (다음 '그림 24. 마이클 포터의 "정보화 강도" 매트릭스' 참조)

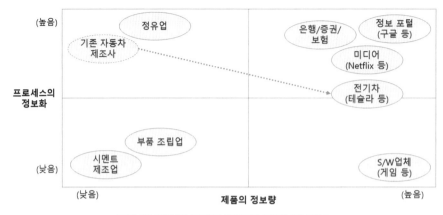

그림 24. 마이클 포터의 "정보화 강도" 매트릭스

즉 기업의 제품 자체에 정보량이 많으면서, 업무 프로세스 자체도 상당한 정보화가 필요한 기업, 예를 들어, 정보 포털(구글 등), 은행/증권/보험 등 금융업, 미디어(Netflix 등) 업종의 기업은 정보화 강도가 매우 높은 기업으로 빅데이터의 관리와 활용이 기업의 존속에도 영향을 줄 수 있는 기업입니다. 이러한 기업들은 외부의 상용화된 Cloud 솔루션을 이용하는 것이 과연 기업의 비용 절감에 도움이 될지, 핵심 역량의 강화에 유리할지에 대한 고민이 반드시 필요합니다. 반면, 제품 자체의 정보량도 낮고, 업무 프로세스 자체도 복잡하지 않아 정보화 정도가 낮은 기업, 예를 들어, 시멘트 제조사, 부품 단순 조립업 등의 경우는 정보화가 핵심 역량도 아니고, 투자의 여력도 낮은 기업들로써, 빅데이터의 구축과 활용은 업무의 우선순위가 아닐 것입니다.

하지만 분명한 것은 점점 정보화 강도가 높은 기업들이 증가할 것이라는 것입니다. 예를 들어, 구글, Netflix와 같은 기업은 최근에 큰 규모로 성장한 기업이고, 자동차 기업들도 내연 기관 엔진에서 전기 자동화로 변화하면서, 제품의 복잡도는 줄어서 제조 프로세스는 간편해진 반면, (그러나 전기 자동차 업체 '테슬라'의 OTA[9]와 같이 무선

---

9 Over-The-Air Programming의 약자로, 무선 통신을 통해 프로그램을 배포함의 의미함.

소프트웨어 업데이트 등의 정보화 프로세스는 추가되고 있습니다.) 자율 주행을 위한 각종 센서로부터 나오는 데이터, 이를 처리하기 위한 분석 프로세싱, 주행 결과 데이터 분석 등 엄청난 정보량을 보유하게 되었습니다. 그래서 자동차 기업은 정보화 강도 매트릭스의 좌상단에서 우중간으로 이동하고 있습니다. 따라서 기업들은 **지금 현재의 상황만 생각할 것이 아니라 향후 자신의 포지션을 어디로 할 것인지에 따라 구축 전략을 선택**해야 할 것입니다.

일부 전문가는 **NoSQL 기반 솔루션**도 Data Lake의 기반 솔루션이라 주장하기도 하는데, NoSQL은 Hadoop의 약점인 실시간 온라인 Transaction 영역을 보완하고, 기존 관계형 데이터베이스의 엄격한 데이터 모델 관리를 완화하기 위한 데이터베이스 솔루션으로 볼 수 있습니다. (다음 'NoSQL이란?' 참고) 그러나 NoSQL은 Hadoop처럼 전사의 모든 유형의 데이터를 손쉽게 적재하고 자유로운 형태와 방식으로 서비스하기에는 한계가 있습니다. 따라서 NoSQL은 Hadoop과 관계형 데이터베이스의 약점을 일부 보완한 솔루션인 것은 맞지만, Data Lake 솔루션으로써 Hadoop을 대체할 수 있는 솔루션은 아닙니다. Hadoop 기반의 Data Lake 솔루션을 보완하기 위한 추가 솔루션 정도로 생각하면 될 것입니다. 단, NoSQL DB의 유형이 다양하므로, 각 상황과 환경에 적합한 유형을 선택 후 최적의 솔루션을 선택해야 할 것입니다. 예를 들면, NoSQL 중 컬럼형 데이터베이스는 Hadoop에 적재되어 있는 데이터 중 사용자가 자주 이용하는 대용량 데이터를 미리 가공/적재한 후, 사용자가 요청(쿼리) 시 빠른 속도로 제공하는 용도 등으로 활용 가능할 것입니다. 또한 키-값형 NoSQL 데이터베이스는 Data Catalog의 검색엔진과 같이 인덱스를 저장하여 빠르게 조회하기 위한 용도로 활용할 수 있을 것입니다. 그리고 그래프형 데이터베이스의 경우, 데이터 리니지를 그래프 형태로 표현하기 위한 용도로 활용 가능할 것입니다.

NoSQL이란?

원래 Non SQL, 즉 관계형(Relational) 데이터베이스가 아니라는 의미로 탄생하였으나, 관계형 DB의 특징인 **SQL이 가능**하다는 장점뿐만 아니라, 대용량 데이터를 처리 가능하고, 확장이 용이하며, 데이터 구조가 단순하여(키-값 구조, 컬럼 기반 구조 등) **기존 관계형 DB의 약점을 보완**함으로써, **"Not only SQL"**로 불리기도 합니다.

따라서, 관계형 데이터베이스만큼 속도(성능)가 빠르고, 일부 대용량 데이터 환경에서는 더욱 높은 성능을 발휘하기도 하지만, RDB 대비 데이터 일관성에 문제가 발생할 가능성이 있고, Join 기능이 RDB 대비 강력하지 않으며, 표준화된 인터페이스가 부족한 문제점 등이 있습니다.

NoSQL의 유형은 컬럼형 DB, 문서형 DB, 키-값 DB, 그래프 DB 등이 있으며, 활용 용도별로 적절한 솔루션을 선택해야 합니다. 유형별 대표적인 솔루션은,

- 컬럼형 DB: HBase, Cassandra, Kudu[10] 등
- 문서형 DB: MongoDB, MarkLogic 등
- 키-값 DB: Redis, Elastic Search, Solr 등
- 그래프 DB: Neo4j 등

등이 있습니다.

이제 다시 Data Lake는 빅뱅 접근법으로 구축이 가능한지에 대한 질문에 답해 보도록 하겠습니다. 답변은 **Hadoop 솔루션으로 구축 시에는 불가능**하다는 것입니다. Hadoop 솔루션으로 구축 시에는 상당한 기간과 비용이 소요되는 작업으로 장기간

---

10 Kudu의 경우, 정확히는 NoSQL 솔루션은 아니며, NoSQL과 관계형 데이터베이스의 중간 정도의 기능을 가짐.

의 단계별 구축이 반드시 필요하기 때문입니다. 하지만 **Cloud 솔루션으로 구축 시에는 가능**합니다. Cloud 벤더가 이미 구현해 놓은 서비스를 잘 조합하여 이용하는 것이므로, 단기간에 한 번에 구현이 가능하기 때문입니다.

그러면 Hadoop 솔루션으로 구축 시 Phased Approach를 통해 단계별로 구축해야 한다는 결론을 얻을 수 있을 것입니다. 그러면 무엇을 어떤 단계로 구축하는 것이 좋을까요? **아키텍처 중심 방식**과 **서비스 중심 방식**의 두 가지 방식으로 구축 단계를 설정할 수 있습니다.

첫 번째, 아키텍처 중심 방식은 **Data Lake 아키텍처를 구성 후 기능적/기술적 구성요소를 중심으로 전체 아키텍처를 완성**해 가는 방식입니다. 예를 들어, 1단계는 분석용 배치 데이터를 수집하여, Data Lake에 적재하고, Hive로 SQL 서비스를 제공하는 것입니다. 2단계는 실시간 데이터를 수집/처리하여, 메시지 브로커에 적재하고, 스트리밍 서비스를 비즈니스 애플리케이션에 제공하는 것입니다. 3단계는 Data Catalog를 구성하고, 다양한 데이터 전처리, 분석 도구와 연계할 수 있도록 하는 것입니다. (다음 '그림 25. Data Lake 구축 로드맵 예시 - 아키텍처 중심' 참조)

1 단계	2 단계	3 단계
• 분석용 배치 데이터 수집 • Lake에 Raw Data 적재 • Hive로 SQL 서비스	• 실시간 데이터 수집 • 메시지 브로커에 적재 • 스트리밍 서비스를 비즈 애플리케이션에 제공	• Data Catalog 구성 • 데이터 전처리/분석 도구와 연계

그림 25. Data Lake 구축 로드맵 예시 - 아키텍처 중심

두 번째, 서비스 중심 방식은 **사용자에 제공할 서비스를 중심으로 전체 서비스를 완성**해 나가는 방식입니다. 예를 들어, 1단계는 Data Scientist를 타깃으로 대화식 쿼리 서비스를 제공하고, 이를 위해 Data Scientist가 가장 필요로 하는 분석용 데이터 위주로 수집, Data Lake의 HDFS에 적재합니다. 2단계는 Citizen 분석가를 대상으로 Data Catalog 서비스를 제공하고 이를 위해 메타데이터 관리, 리니지 관리, 사용자

접근/보안 체계 등을 구성합니다. 3단계는 Data Steward를 대상으로 데이터 큐레이션 서비스, 데이터 거버넌스(데이터 품질관리, 데이터 Life Cycle 관리 등) 서비스를 제공합니다. (다음 '그림 26. Data Lake 구축 로드맵 예시 - 서비스 중심' 참조)

1 단계	2 단계	3 단계
• Data Scientist 대상 • 대화식 쿼리 서비스 • 분석용 데이터 수집, HDFS에 적재	• Citizen 분석가 대상 • Data Catalog 서비스 • 메타데이터/리니지 관리 • 사용자 접근/보안 체계	• Data Steward 대상 • 데이터 큐레이션 서비스 • 데이터 거버넌스(품질관리, Life Cycle 관리 등) 서비스

그림 26. Data Lake 구축 로드맵 예시 - 서비스 중심

이와 같은 서비스 중심의 로드맵 수립은 아키텍처 중심 방식 대비 몇 가지 장점이 있습니다.

첫 번째, 서비스 중심 방식은 단계별 명확한 서비스 목표가 있으므로, **'투자 대비 효과(Return On Investment: ROI)'를 측정하기 용이**하고, 차기 단계의 사업 추진을 위한 경영진의 투자 의사결정에도 분명 긍정적 영향을 줄 것입니다. 따라서 충분한 투자 예산을 확보하여 차기 단계 사업을 용이하게 추진할 수 있을 것입니다. 'ROI'라는 용어는 최근 데이터 자산에 대한 비즈니스 효과 측면을 강조하기 위해 **'데이터 자산의 효과(Return On Data: ROD)'**라는 용어를 사용하기도 합니다. 이러한 투자 대비 효과는 비즈니스에서는 필수적인 것이므로 반드시 대비할 필요가 있습니다. 모든 사업 계획서에는 마지막에 반드시 기대효과 영역이 있는 것은 대부분 인지하고 있을 것입니다.

두 번째, 서비스 중심 방식은 **사용자에 대한 변화관리가 용이**합니다. 앞서 언급한 것처럼 Data Lake 구축은 '전사적 디지털 전환(Digital Transformation)' 사업의 성격을 가지고 있어, 전사 사용자들의 업무/문화의 변화가 수반되어야 합니다. 따라서 단계별로 어떤 사용자 그룹에 어떤 서비스가 제공될 것인지 명확히 사용자와 커뮤니케이션하고 피드백을 받는 것은 매우 중요합니다. 서비스별로 현재 업무 모습 대비 향

후 업무 모습을 명확히 표현하여 커뮤니케이션한다면, 사용자들은 더욱 쉽게 이해하고 더 많은 피드백을 제공할 것입니다. (다음 '그림 27. Data Lake 구축 전/후 사용자 업무 변화모습 예시' 참조)

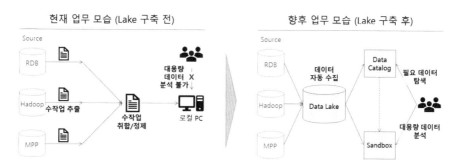

그림 27. Data Lake 구축 전/후 사용자 업무 변화모습 예시

그림에서 보듯이, Data Lake 구축 전에는 각 원천 시스템으로부터 데이터를 수작업으로 추출하고, 수작업 취합/정제 후 로컬 PC에서 분석하므로, 대용량 빅데이터 분석과 같은 큰 컴퓨팅 리소스를 필요로 하는 작업을 수행하기 어려웠습니다. 그러나 Data Lake 구축 후에는 전사 데이터를 자동으로 수집하고, Data Catalog를 통해 필요 데이터를 탐색한 후, Sandbox 분석 환경에서 대용량 데이터를 분석할 수 있습니다. 이와 같이 업무 변화모습과 함께 Data Lake를 활용 시의 기대효과(자동화, 수작업 감소 등)가 같이 표현될 수 있다면 사용자와의 커뮤니케이션이 더욱 원활해질 것입니다.

하지만 이는 일반적인 관점에서 말씀드리는 것으로 어떤 기업의 경우에는 아키텍처 중심으로 Data Lake를 로드맵을 수립하는 것이 더욱 효과적일 수도 있습니다. 예를 들어, 데이터 전문가들이 모여 있는 기업의 경우에는 굳이 사용자 그룹별로 타깃팅하여 서비스를 제공하는 것이 큰 의미가 없을 수도 있습니다. 기업의 비즈니스 환경과 전략에 따라 적절한 로드맵 수립 방식을 선택하는 것이 바람직할 것입니다.

3. Data Lake 목표 아키텍처

Data Lake 목표 아키텍처 수립 시 제로 베이스에서 시작하는 것보다, **참조 아키텍처를 기반으로 추가/보완**하는 것이 더욱 좀더 효율적으로 수립하는 방법일 것입니다. 가장 쉽게 참조할 만한 Data Lake 아키텍처는 '**카파 아키텍처**(Kappa Architecture)' 와 '**람다 아키텍처**(Lambda Architecture)'일 것입니다.

먼저 '**카파 아키텍처**'는 **실시간 스트리밍 데이터**[11]**를 처리**하기 위한 아키텍처입니다. 그래서 많은 사람들이 착각하는 부분 중 하나가 '카파 아키텍처'는 실시간 처리만을 위한 구조이고, 실시간과 배치 처리가 함께 이루어질 경우에는 '람다 아키텍처'를 구성해야 한다는 것입니다. 하지만 이는 잘못된 생각으로, '카파 아키텍처'에도 **분석을 위해 배치 처리 후 제공하는 영역도 포함**되어 있습니다. (다음 '그림 28. 카파 아키텍처 기반의 Data Lake 구성도 예시' 참조)

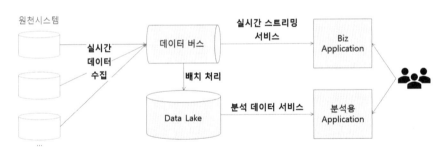

그림 28. 카파 아키텍처 기반의 Data Lake 구성도 예시

그림과 같이 '카파 아키텍처' 기반의 Data Lake 구성도 예시를 보면, 실시간 데이터는 '데이터 버스' 또는 '메시지 브로커(Kafka 등)'로 수집하고, 비즈니스 애플리케이션에 실시간 스트리밍 서비스를 제공합니다. 또한 데이터 버스가 수집한 데이터를 배

---

11 실시간(초 이하) 단위로 지속적으로 생성되는 데이터를 스트리밍 데이터라고 함.

치 처리하여 Data Lake에 적재합니다. 이 Data Lake의 데이터는 분석용 애플리케이션에서 활용할 수 있도록 제공합니다. 즉 **실시간으로 수집한 데이터를 기반으로 필요로 따른 다양한 서비스를 제공**하는 구조로 이해하면 됩니다.

다음으로 '람다 아키텍처'는 **실시간 데이터와 배치 데이터 처리를 모두 수용**하기 위한 아키텍처입니다. 실시간 데이터와 배치 데이터를 별도의 목적으로 각각 수집하여 별도 적재소에 적재하고, 각 적재소의 목적에 따른 데이터 서비스를 제공하는 것입니다. (다음 '그림 29. 람다 아키텍처 기반의 Data Lake 구성도 예시' 참조)

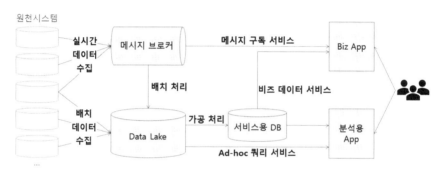

그림 29. 람다 아키텍처 기반의 Data Lake 구성도 예시

그림과 같이 '람다 아키텍처' 기반의 Data Lake 구성도 예시를 보면, '카파 아키텍처'와 동일하게 실시간 데이터는 메시지 브로커로 수집하여 메시지 구독 서비스를 통해 비즈니스 애플리케이션에 제공합니다. 하지만 '카파 아키텍처'와 다른 부분은 모든 데이터를 실시간으로 수집할 필요는 없으므로, 주기적으로 생성되는 데이터의 경우 배치로 수집하여 Data Lake로 적재한다는 것입니다. 즉 실시간 데이터 수집 외 별도 배치 데이터 수집 프로세스가 존재한다는 것이 '카파 아키텍처'와의 차이점입니다. 이 Data Lake 데이터를 직접 Ad-hoc 쿼리 서비스를 통해 직접 분석용 애플리케이션에 제공하기도 하고, 또한 Data Lake 데이터를 서비스하기 용이한 형태로 가공하여 '서비스용 데이터베이스(NoSQL DB, In-Memory DB 등)'에 적재 후 비즈니스 애

플리케이션에 데이터 서비스를 제공하기도 합니다.

이렇게 '카파 아키텍처'와 '람다 아키텍처'의 장/단점을 비교 분석하면, (다음 '그림 30. 카파 아키텍처 vs. 람다 아키텍처' 참조) 먼저 '카파 아키텍처'는 '람다 아키텍처'에 비해 비교적 단순 구조이므로, 구축/운영 비용을 절감할 수 있고, 실시간 데이터를 중심으로 모든 서비스가 제공되므로, 데이터 일관성/정합성 등 품질 관리 측면에서 유리할 수 있습니다. 반면, 사용자의 활용 목적에 따라 다양한 유형의 데이터 서비스를 제공하기 어려워 일부 사용자의 불편을 초래할 수 있습니다. 또한 일반적인 기업에서는 스트리밍 데이터 외 배치 데이터가 현실적으로 많이 존재하므로, 이 배치 데이터에 대한 처리 구조가 추가로 필요할 수도 있습니다. 즉 단일 Data Lake 구성이 어려울 수 있습니다.

	카파 아키텍처	람다 아키텍처
장점	• 비교적 단순한 구조의 아키텍처 • 구축 / 운영 비용 절감 • 실시간 데이터 중심으로 모든 서비스가 이루어져 데이터 일관성 등 품질 측면 유리	• 사용자의 활용 목적에 따른 다양한 데이터 서비스 가능 (사용자 편의성 향상) • 실시간/배치 데이터가 혼합된 대부분의 기업의 현실에 적합한 데이터 아키텍처
단점	• 사용자에 다양한 서비스 어려움 (일부 사용자 불편 초래) • 보통 기업 내 스트리밍 데이터는 일부로, 그 외 데이터에 대한 처리 아키텍처 필요	• 카파 아키텍처에 비해 복잡한 구조 • 구축 / 운영 비용 역시 상대적으로 높음 • 적재소 간 데이터 일관성 등 품질 유지 어려움

그림 30. 카파 아키텍처 vs. 람다 아키텍처

반면 '람다 아키텍처'는 '카파 아키텍처'에 비해 비교적 복잡한 구조이므로, 구축/운영 비용 역시 상대적으로 높은 편입니다. 또한 동일 데이터를 여러 적재소에 수집하고, 적재소 간 이동이 존재하므로, 이들 적재소 간의 데이터 일관성/정합성 등 품질 유지가 어려울 수 있습니다. 그러나 사용자의 활용 목적에 따른 맞춤형 데이터 서비스가 용이하여 사용자 편의성이 향상될 수 있고, 실시간 데이터와 배치 데이터가 혼재되어 있는 대부분의 기업의 현실을 고려했을 때, 전사 단일 Data Lake 구성에 더 적합한 아키텍처라고 볼 수 있습니다.

이러한 '카파 아키텍처'와 '람다 아키텍처'의 장/단점을 고려하여 참조 아키텍처를 선택 후, 필요한 기능을 추가/보완하여 목표 아키텍처를 구성해 간다면 Data Lake를 기획/설계하기 위한 시간을 단축할 수 있을 것입니다. 위의 장/단점을 비교해 보면 '람다 아키텍처'가 더 현실적이고 적합한 아키텍처로 보일 수 있으나, 모든 세상의 이치가 그렇듯이 **"단순함이 궁극적 진리"**라는 말이 있습니다. 즉 실제 기업의 현실에서 다양한 상황과 현실을 고려하다 보면, 계속해서 더 많은 기능과 서비스를 추가하고 싶어하는 것이 사실입니다. 제가 경험했던 프로젝트도 역시 마찬가지였습니다. 시간이 지날수록 어떻게 하면 좀 더 단순한 아키텍처로 구성할 수 있을지를 고민했으며, 단순한 아키텍처일수록 사용자/경영진과의 공감대 형성이 더욱 용이하다는 사실도 깨닫게 되었습니다.

따라서 목표 아키텍처를 좀 더 **단순하고 미래 지향적인 '카파 아키텍처'**로 설정하고, 프로젝트를 진행함에 따라 **아키텍처가 복잡해지지 않는지 항상 유념**하면서 아키텍처를 보완해 가는 방법을 추천하는 바입니다.

그러면, Data Lake의 아키텍처 영역을 데이터 수집 Layer, 데이터 적재 Layer, 데이터 제공 Layer, 데이터 서비스 Layer로 구분하고, 각 Layer별로 좀 더 상세한 아키텍처 설계 방안을 제시하고자 합니다.

4. 데이터 수집 Layer

Data Lake는 다양한 유형(정형, 반정형, 비정형)의 데이터를 여러 Timeline(실시간, 근 실시간, 배치)에 따라 별다른 처리나 가공, 변환 없이 수집합니다. 즉 '**쉬운 수집**(Frictionless Ingestion)'을 표방합니다. 이는 다양한 Raw Data를 사용자에게 자유롭게 분석하도록 하는 것이 Data Lake의 목적이기 때문입니다. 앞서 언급했듯이 이것이 '데이터 웨어하우스'와 가장 큰 차이점이기도 합니다.

Data Lake는 모든 유형의 데이터, 즉 **정형**(Structured) **데이터, 반정형**(Semi-Structured), **비정형**(Unstructured) **데이터를 모두 수용**해야 합니다. 정형 데이터는 관계형 데이터베이스의 테이블, CSV[12] 등의 구조화된 텍스트 파일을 의미하고, 반정형 데이터는 XML,[13] JSON[14]과 같이 태그나 다른 구분자로 구조화하여 레코드/필드를 식별할 수 있는 데이터를 의미합니다. 비정형 데이터는 이미지, SNS 데이터, 이메일과 같이 말 그대로 임의의 형식/포맷으로 되어 있어 프로그램이 식별하기 어려운 데이터를 의미합니다. (아래 '그림 31. 정형/반정형/비정형 데이터 비교' 참조)

	정형 데이터	반정형 데이터	비정형 데이터
예시	• RDB 데이터 • CSV 파일 등	• XML • JSON 등	• 이미지 • SNS 데이터 등
특징	• 별도의 작업 없이 곧바로 레코드/필드를 식별하여 이용 가능	• 텍스트 파싱을 통해 레코드/필드를 식별해서 이용해야 함	• 별도의 분석 프로세싱을 통해 데이터 식별하나, 정확한 식별 어려움

그림 31. 정형/반정형/비정형 데이터 비교

그림에서 보듯이 정형 데이터는 별도의 파싱이나 분석 없이 곧바로 메타데이터(테이블명, 필드명 등)와 함께 수집하므로, 수집하는 즉시 사용자가 활용 가능합니다. 하지만 반정형 데이터는 메타데이터 추출을 위한 파싱을 수행해야 하며, 특히 IoT 데이터(머신 로그 등)는 해당 데이터의 오너가 아니면 내용을 이해하기 어려우므로, 반드시 데이터 오너가 해당 데이터의 의미와 활용 방법을 Data Catalog에 등록할 수 있게 해야 합니다. 비정형 데이터의 경우는 일반적인 방법으로는 메타데이터 식별이 불가능하므로, 반드시 데이터 수집 시 메타데이터를 함께 수집해야 합니다. 따라서 Data Lake에서 데이터를 수집(Pull)하는 것보다, 원천 시스템에서 데이터를 Data

---

12   Comma-Separated Values의 약자이며, 쉼표로 구분된 텍스트 파일.

13   Extensible Markup Language의 약자이며, 웹상에서 Application 간의 데이터 교환을 위한 언어.

14   JavaScript Object Notation의 약자이며, 키-값 형태의 데이터 표준 포맷.

Lake로 전송(Push)하는 방법이 효과적이지 않을지 검토해야 합니다.

또한 Data Lake는 원천 시스템의 데이터 다양한 생성 주기, 즉 초 이하 단위의 **실시간**(Real-Time) **데이터**, 수 초 단위의 **근 실시간**(Near Real-Time) **데이터**, 그 이상의 주기로 생성되는 **배치**(Batch) **데이터**도 모두 수용할 수 있어야 합니다. (다음 '그림 32. 실시간/근 실시간/배치 데이터 비교' 참조)

	실시간 데이터	근 실시간 데이터	배치 데이터
예시	• 이벤트 메시지 • IoT 머신 로그 등	• RDB 기준정보 • IT 시스템 모니터링 등	• 이력성 데이터 • 분석 결과 데이터 등
특징	• 초 이하 단위의 데이터 • 데이터 수집 즉시 제공	• 초(~ 10초) 단위의 데이터 • 수집, 처리 후 제공	• 10초 이상 단위의 데이터 • 사용자가 추후 분석에 활용
처리도구	• Apache Flink, Storm 외 • 상용 CEP 도구 • 메시지 브로커(Kafka 등)	• Kafka Connector, NiFi • 상용 CDC/CEP 도구 • NoSQL DB or Kafka	• Apache Sqoop 외 • 상용 ETL 도구 • HDFS

그림 32. 실시간/근 실시간/배치 데이터 비교

그림에서 보듯이 **실시간 데이터**는 Data Lake가 수집하는 즉시, 즉 별다른 처리 없이 비즈니스/분석 애플리케이션에 제공해야 하는 데이터입니다. 대신 비즈니스/분석 애플리케이션에서 이 실시간 데이터를 분석/처리함으로써 Insight를 발굴하고 필요한 조치(Action)를 취합니다. 그러면 원천 시스템에서 곧바로 타깃 시스템으로 데이터를 전송하는 것이 Data Lake를 거치는 것보다 더 효율적이지 않을까요? 왜 굳이 Data Lake를 거쳐서 가야 하는 것일까요?

실시간 데이터를 특정 비즈니스에서 애플리케이션에서만 활용하게 하면 필요한 내용만 활용 후 곧바로 버려지게 될 것이기 때문입니다. 또한 단일 애플리케이션이 아닌 다수의 애플리케이션이 실시간 데이터를 필요로 할 경우, Kafka와 같은 '메시지 브로커'를 통해 구독(Subscription)[15]하도록 하면 효율적으로 데이터 배포가 가능합

---

15   애플리케이션이 '메시지 브로커'로부터 필요한 데이터(Topic)를 수신하는 것을 구독(Subscription)한다고 표현함.

니다. 그렇지 않다면 원천 시스템 내에서 이와 같은 '메시지 브로커' 기능을 구현해야 할 것인데, 각 원천 시스템이 모두 이런 체계를 구축하는 것은 더욱 큰 비용을 초래하므로 더욱 쉽지 않을 것입니다. 예를 들어, 앞서 예를 든 자율 주행 자동차와 같은 경우, 각종 주행과 관련된 센서로부터 나오는 실시간 데이터를 곧바로 분석하여 자동차의 방향, 속도를 제어하는 데 활용됩니다. 또한 이 데이터를 5G 네트워크를 통해 중앙 Data Lake, 즉 '메시지 브로커'에 적재 후 곧바로 차량 흐름을 분석하는 애플리케이션, 자율 주행 로직을 분석/개선을 위한 애플리케이션 등 다양한 애플리케이션에서 활용할 수 있게 한다면 더욱 효율적인 아키텍처를 구성할 수 있을 것입니다. 또한 '메시지 브로커'의 데이터는 배치 처리 후 Data Lake에 적재함으로써, 추후 다른 사용자가 활용할 수 있도록 하는 것이 효과적일 것입니다. 물론 민감한 개인 정보 등은 비식별화/마스킹 처리가 필요할 것입니다. (다음 '그림 33. Data Lake의 실시간 데이터 수집 및 활용' 참조)

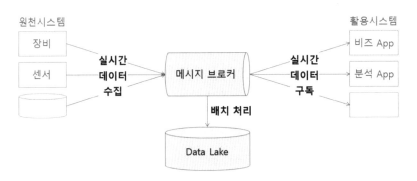

그림 33. Data Lake의 실시간 데이터 수집 및 활용

이러한 실시간 데이터를 수집/처리하는 도구로는 우선 Hadoop 생태계의 Apache Flink,[16] Apache Storm[17] 등이 있으며, 그 외에도 TIBCO Streambase 등 다양한 상용

---

16   오픈 소스 기반의 통합 스트림/배치 프로세싱 프레임워크.
17   오픈 소스 기반의 분산형 실시간 스트림 프로세싱 프레임워크.

CEP(Complex Event Processing) 도구들이 있습니다. Hadoop의 리소스를 충분히 활용하기 위해서는 Hadoop 생태계 도구를 선택하는 것이 바람직하나, 앞서 언급했듯이 기술적, 운영상 어려움이 있을 경우, 혹은 자사 내 이미 익숙하게 활용 중인 상용 CEP 도구가 있을 경우에는 Hadoop 생태계 이외의 도구를 활용하는 것도 검토해야 할 것입니다.

다음으로 **근 실시간 데이터**는 수 초의 주기로 데이터를 수집 후 간단한 처리를 거쳐 비즈니스/분석 애플리케이션에 제공하는 데이터 유형입니다. 예를 들어, 관계형 데이터베이스의 기준정보(고객 정보 등) 데이터의 경우, 특정 테이블의 정보(고객 주소 등)가 업데이트 되면, 해당 정보(고객 주소)를 가지고 있는 다른 테이블의 정보도 즉시 업데이트되어야 데이터 정합성이 유지됩니다. 하지만 동일한 고객 정보라고 하더라도, 단일 컬럼에 모두 입력되어 있거나, 여러 컬럼으로 분산되어 있는 등 포맷이 다르므로, 이러한 포맷 변경 처리 후 이 정보를 업데이트해야 하는 애플리케이션에 보냅니다. 또 다른 예로 IT 시스템 모니터링 시, 서버의 CPU, 메모리 등의 성능을 점검하기 위해 수 초 단위로 관련 정보를 수집합니다. 이 정보는 통계 처리 후 필요한 애플리케이션에 보내어 해당 데이터를 표시합니다. (다음 '그림 34. Data Lake의 근 실시간 데이터의 수집 및 활용-1' 참조)

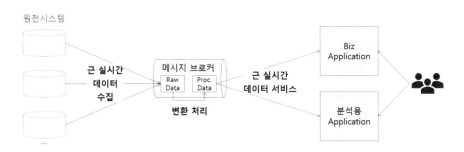

그림 34. Data Lake의 근 실시간 데이터의 수집 및 활용-1

위의 그림에서 보듯이 실시간 데이터의 경우와 동일하게 '메시지 브로커' 기반의 근 실시간 데이터 서비스를 구성할 수 있습니다. '메시지 브로커'에서 근 실시간 Raw

Data를 수집 후, CEP 도구를 통해 변환 처리하여 변환 데이터를 애플리케이션에 서비스하는 구조입니다. 이렇게 서비스할 경우, 활용하는 기술요소도 실시간 데이터 수집/처리 시와 거의 동일한 구성을 가지게 됩니다.

이와 다르게 구성하는 방법은 애플리케이션에서 '메시지 브로커'를 통해 데이터 서비스를 이용하는 것보다 NoSQL 데이터베이스를 통해 서비스를 이용하기를 원할 경우(활용의 편의성 측면에서), '메시지 브로커'의 Raw Data를 변환 처리한 결과를 NoSQL 데이터베이스에 적재하여 서비스할 수도 있을 것입니다. (다음 '그림 35. Data Lake의 근 실시간 데이터의 수집 및 활용-2' 참조)

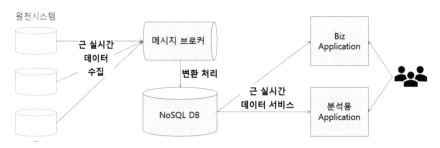

그림 35. Data Lake의 근 실시간 데이터의 수집 및 활용-2

위의 그림과 같이 구성할 경우, NoSQL 데이터베이스는 서비스용 DB의 역할을 수행하며, Apache Kudu 혹은 HBase 등을 이 용도로 활용할 수 있을 것입니다. 그러면 굳이 '메시지 브로커'를 거쳐야 할 이유가 없어 보일지도 모릅니다. NoSQL 데이터베이스에서 곧바로 데이터를 수집하여 변환 후 서비스하는 것이 훨씬 간단해 보일 수 있으나, 실시간 데이터 수집을 위한 아키텍처를 고려했을 때 '메시지 브로커'를 아키텍처상에서 제외하기는 어려우므로, 실시간 서비스는 '메시지 브로커'를 통해서, 근 실시간 서비스는 NoSQL 데이터베이스를 통해 제공하는 것으로 역할을 분담하는 것도 좋은 방안이 될 것으로 보입니다.

그러면 위의 1, 2번 예시 그림 중, 어떤 구성이 더 바람직할까요? 일단 아키텍처의 단순성 측면에서는 1번이 더 우수해 보이나, 서비스의 부하 분산 측면과 서비스를 활용하는 사용자의 요구사항 충족도와 편의성 역시 무시할 수 없기에 2번도 무시하기 어려운 구성입니다. 이 역시 각 기업의 비즈니스 상황과 니즈에 따라 적절한 안을 선택하는 것이 바람직합니다.

마지막으로 **배치 데이터**는 Data Lake에서 수집 후, 사용자가 추후 분석을 위해 활용하는 네이터로, 통상 수 시간 혹은 1일 정도의 주기로 수집하는 경우가 대부분일 것입니다. 이력 성 데이터나 원천 데이터를 가공한 데이터 등이 이에 해당합니다. 통상 '데이터 웨어하우스'의 경우 상용 ETL 도구로 수집하는 것이 보통이지만, Data Lake는 Apache Sqoop나 Apache Flink 등 Hadoop 생태계 도구로 처리하는 것이 좋습니다. Data Lake Hadoop의 자원을 서로 공유하여 사용할 수 있기 때문입니다. 상용 ETL 도구를 통해 수집하기 위해서는 별도의 서버를 두어야 하니, 추가 비용이 소요되므로 비효율적인 방법이 될 것입니다. 수집된 데이터를 HDFS에 적재하고, Data Catalog, 데이터 전처리/분석 도구를 활용하여 필요 데이터를 탐색하고 분석할 수 있게 합니다. (다음 '그림 36. Data Lake의 배치 데이터 수집 및 활용' 참조)

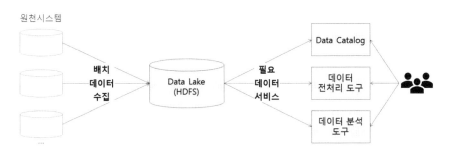

그림 36. Data Lake의 배치 데이터 수집 및 활용

5. 데이터 적재 Layer

    Data Lake는 앞서 언급했듯이 Raw Data, 즉 원천 데이터의 포맷 그대로 수집하여 사용자가 자유롭게 분석하도록 하는 것이 목적입니다. 그러면 Data Lake에는 Raw Data만 존재하는 것일까요? 사용자가 Raw Data를 이용하여 여러 가지 Join, 정제 등 분석 작업을 수행하는 과정 데이터는 없을까요? 사용자가 데이터 분석 작업을 완료한 최종 결과 데이터는 없을까요? 그리고 Data Lake에서 수집한 데이터는 즉시 사용자에게 서비스할 수 있는 데이터일까요? 서비스하기 이전의 데이터가 있지 않을까요? 즉 사용자에게 서비스하기 전에 데이터 검증 등 작업을 수행하는 단계가 있지 않을까요? 이와 같이 Data Lake의 데이터에 대한 수많은 질문들이 있을 수 있습니다. (다음 '그림 37. Data Lake 적재 Zone 구성' 참조)

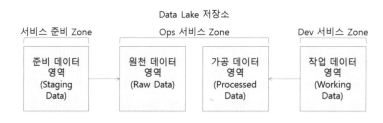

그림 37. Data Lake 적재 Zone 구성

    그림과 같이 Data Lake 적재 Zone은 크게 **'서비스 준비 Zone'**, **'Ops 서비스 Zone'**, **'Dev 서비스 Zone'**으로 구분할 수 있습니다. 'Ops 서비스 Zone'은 내부적으로 **'원천 데이터**(Raw Data)' 영역과 **'가공 데이터**(Processed Data)' 영역으로 구분할 수 있습니다.

    첫 번째, **'서비스 준비 Zone'**은 원천으로부터 데이터를 수집 후 사용자에게 서비스하기 전에 데이터를 임시로 보관하는 **'준비 데이터**(Staging Data)' 영역입니다. 이 단계에서는 사용자 서비스를 위한 메타데이터를 생성하고, 데이터 품질에 대한 점검/처리, 데이터 보안 정책을 적용하는 등의 처리가 이루어집니다. (다음 '그림 38. 사용자 서비스를 위한 데이터 준비 과정' 참조)

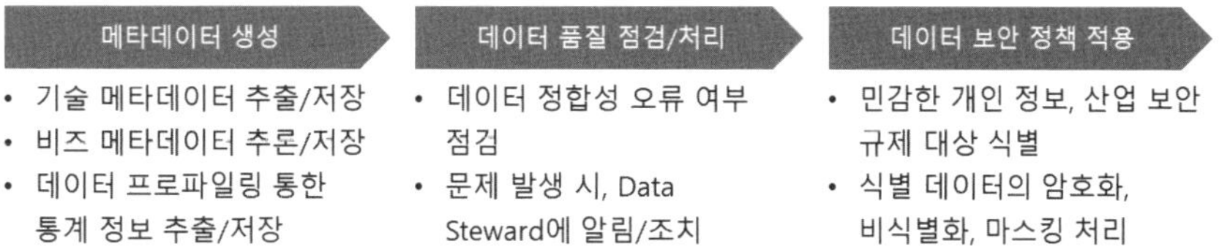

메타데이터 생성	데이터 품질 점검/처리	데이터 보안 정책 적용
• 기술 메타데이터 추출/저장 • 비즈 메타데이터 추론/저장 • 데이터 프로파일링 통한 통계 정보 추출/저장	• 데이터 정합성 오류 여부 점검 • 문제 발생 시, Data Steward에 알림/조치	• 민감한 개인 정보, 산업 보안 규제 대상 식별 • 식별 데이터의 암호화, 비식별화, 마스킹 처리

그림 38. 사용자 서비스를 위한 데이터 준비 과정

먼저 사용자 서비스를 위한 **메타데이터 생성**을 위해 우선 테이블/파일명, 컬럼명, 컬럼 유형/사이즈 등 기술 메타데이터를 추출하여 저장하고, 다음으로 기술 메타데이터를 기반으로 데이터 명칭, 리니지, 데이터 오너, 데이터 Steward 정보 등을 추론(자동화)하여 저장하며, 마지막으로 '데이터 프로파일링'을 통한 값의 분포 등 통계 정보를 집계하여 저장합니다. 단, 원천 시스템의 실제 데이터를 Data Lake로 수집하기 전에 Data Catalog에서 메타데이터를 서비스하는 경우에는, '데이터 프로파일링' 단계는 생략될 수 있습니다. 즉 Data Lake에서 실제 데이터를 수집하지 않고도 Data Catalog에서 메타데이터를 조회하도록 할 수 있습니다. (이후 Data Catalog 챕터에서 상세하게 설명 예정)

다음으로 **데이터 품질에 대한 점검**을 위해 기본적인 데이터 정합성의 오류가 있는지 체크리스트를 기반으로 점검이 이루어집니다. 예를 들어, 데이터 건수가 원본과 일치하는지, 비어(Null) 있으면 안 되는 값이 비어 있는지, 데이터 유형과 맞지 않는(숫자 영역에 텍스트 포함 등) 데이터가 포함되어 있는지 등에 대한 점검을 포함합니다. 점검 시 문제가 발생할 경우, '데이터 Steward'에게 해당 내용을 알려서 확인 및 조치가 이루어지도록 합니다. 문제에 대한 조치가 완료되기까지는 해당 데이터는 '준비 데이터 영역'에 남아 있게 됩니다. (이후 '제5장. Data Lake 거버넌스'에서 상세 설명

예정)

　마지막으로 **데이터 보안 정책의 적용**입니다. 민감한 개인 정보와 그 외 산업 보안 규제 대상으로 식별된 항목의 암호화, 비식별화, 마스킹(Masking)[18] 등이 이루어집니다. 이를 위해 사전에 마련해 놓은 보안 정책에 따라 해당 여부를 체크하고 보안 정보 해당 시 자동으로 암호화/비식별화/마스킹 등을 처리하도록 하는 프로세스가 미리 구성되어야 합니다. 어떤 데이터는 암호화를 할지, 어떤 데이터는 비식별화를 할지, 또 어떤 데이터는 마스킹 처리를 할지 등 상세한 내용은 이후 '제5장. 제5장. Data Lake 거버넌스'에서 설명할 예정입니다.

　이렇게 사용자 서비스를 위한 모든 준비 과정이 완료된 이후 사용자에게 서비스하기 위해 'Ops 서비스 Zone'의 '원천 데이터(Raw Data)' 영역으로 이동합니다.

　두 번째, **'Ops 서비스 Zone'**은 사용자에게 서비스하기 위한 데이터를 보관하는 구역으로, 원천 데이터와 동일한 포맷으로 서비스하기 위한 **'원천 데이터**(Raw Data)' 영역과 사용자가 가공한 데이터를 서비스하기 위한 **'가공 데이터**(Processed Data)' 영역으로 구성됩니다. 'Ops 서비스 Zone'의 데이터는 Data Catalog를 통해 사용자에게 서비스합니다. 따라서 사용자는 Data Catalog에서 원천 데이터와 가공 데이터를 모두 검색할 수 있고, 각 데이터 Context 이해를 위한 메타데이터를 조회할 수 있으며, 쿼리를 통해 실제 데이터를 조회할 수도 있습니다.

　'원천 데이터' 영역은 Data Lake의 핵심 데이터 영역으로 가장 큰 비중을 차지합니다. 이 영역은 데이터 품질이 엄격히 관리되어야 하고, 사용자들이 잘 찾아볼 수 있도록 검색 색인(Index)화해야 하며, 비즈니스 카테고리, 세부 기술 카테고리로 잘 정리되어 있어야 합니다. Data Catalog를 통해 로컬 PC 혹은 '작업 데이터' 영역으로 이동(복사)될 수도 있고, 사용자가 지정한 타깃 데이터베이스로 전송될 수도 있습니다. 타 영역으로 이동하더라도 Raw Data는 계속 '원천 데이터' 영역에 남아 있게 됩니다.

18　원본 데이터를 다른 데이터로 대체하여 숨기는 데이터 보안 처리 기법.

단, 사내 보관 정책에 따라 일정 기간(예: 3년)이 지나면 폐기되거나, 장기 보관 데이터로서 그대로 남아 있을 수도 있습니다.

'가공 데이터' 영역은 사용자들이 생성한 데이터 중 다른 사용자와 공유를 위해 Data Catalog에 배포한 데이터로써, 역시 Data Lake의 주요 데이터 영역 중 하나입니다. 대부분 '작업 데이터' 영역에서 이동(복사)한 데이터이거나, 데이터 전처리/분석 도구에서 전처리/분석 결과 데이터로서 업로드된 데이터입니다. 이 데이터 역시 사용자들이 검색이 가능하도록 색인화가 이루어져야 하며, 비즈니스/기술 카테고리로 분류되어 있어야 합니다. 역시 사내 보관 정책에 따라 일정 기간이 지나면 자동으로 폐기되거나, 활용도가 극히 낮은 데이터의 경우에는 보관 기간 도래 이전에도 폐기될 수 있습니다.

세 번째, **'Dev 서비스 Zone'**은 사용자가 '대화식 쿼리 서비스'(이후 Data Catalog에서 상세 설명 예정), 데이터 전처리/분석 도구 등에서 분석을 위해 임시로 생성한 **작업 데이터(Working Data)'** 영역입니다. 예를 들어, 여러 개의 테이블을 Join한 결과 데이터, 혹은 분석을 위해 전처리한 데이터를 사용자가 생성한 임시 테이블에 적재하는 것입니다. 이 데이터는 생성한 사용자 본인만이 접근 가능한 위치(사용자 사번별로 생성된 개인 폴더 등)에 저장되므로, 본인 이외의 다른 사용자는 접근이 불가능합니다. 만약 이 데이터를 다른 사용자와 공유하고 싶을 경우, 해당 데이터의 제목, 설명, 태그 등을 입력 후 Data Catalog에 배포할 수 있습니다. (다음 '그림 39. 작업 데이터의 Data Catalog 배포' 참조) 이 경우 그림과 같이 '작업 데이터' 영역(Dev)의 사용자 생성 데이터는 '가공 데이터' 영역(Ops)으로 이동하게 되며, 이동 시 '준비 데이터' 영역과 동일하게 메타데이터 생성과 데이터 품질/보안 점검을 자동으로 수행하게 됩니다. '가공 데이터' 영역으로 이동된 후에는 Data Catalog에서 해당 데이터를 검색, 조회할 수 있게 됩니다.

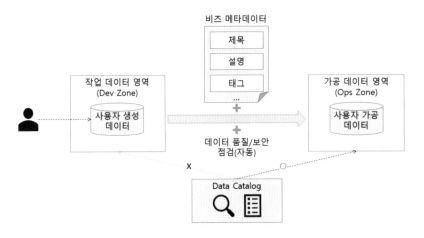

그림 39. 작업 데이터의 Data Catalog 배포

6. 데이터 제공 Layer

'데이터 제공 Layer'는 **Data Lake 내부의 데이터**를 비즈니스 애플리케이션, 분석 애플리케이션, 각종 데이터 전처리/분석 도구 등 **Data Lake 외부에 연계**하는 Layer 입니다. (다음 '그림 40. 데이터 제공 Layer' 참조)

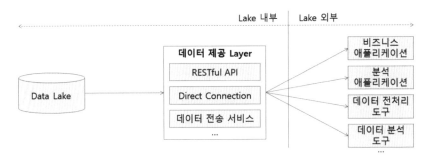

그림 40. 데이터 제공 Layer

Data Lake와 외부 애플리케이션 간 데이터 연계는 통상 **RESTful API, Direct Connection** (JDBC 등), **데이터 전송 서비스** 등을 통해 이루어집니다. 먼저 'RESTful API'(REST API 로 쓰기도 합니다.)는 'REST(Representational State Transfer)'라는 웹상의 표준 아키텍처를 준수하는 애플리케이션 프로그래밍 인터페이스를 의미합니다. (다음 '그림 41. RESTful API' 참조)

그림 41. RESTful API

그림에서 보듯이 애플리케이션에서 웹(HTTP) 프로토콜을 통해 데이터를 요청(입력/조회/업데이트/삭제)하면, '웹 서비스 서버'가 요청 내용을 Data Lake가 이해할 수 있는 형태로 변환하여 전달합니다. Data Lake는 요청한 내용을 처리 후, 처리 결과를 '웹 서비스 서버'에 전송하고, '웹 서비스 서버'는 처리 결과를 JSON 파일 형태로 변환하여 다시 애플리케이션에 전달합니다. 이러한 REST API는 최근 웹상에서 데이터를 주고받기 위해 가장 많이 사용하는 방식 중 하나로써, 사용자(애플리케이션) 측의 별다른 인프라나 상세한 기술 구조에 대한 이해 없이도 필요한 데이터를 확보할 수 있는 유용한 방법입니다. 또한 제공자 측에서도 세부 기술 구조에 대한 보안을 유지할 수 있고, 사용자의 요청을 일정 부분 통제할 수 있다는 점에서도 유리합니다. Data Lake에서도 데이터 가장 일반적으로 활용하는 인터페이스 방식으로써, 사용자는 '대화식 쿼리 서비스'에서 쿼리를 작성하고, REST API 형태로 Data Catalog에 배포하여 타 사용자와 공유할 수 있습니다. (다음 '그림 42. RESTful API 작성 및 공유' 참조)

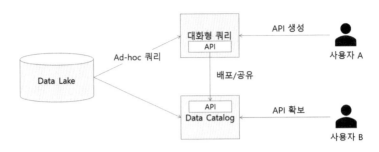

그림 42. RESTful API 작성 및 공유

그림과 같이 사용자 A가 '대화식 쿼리 서비스'를 통해 수행한 쿼리를 REST API로 생성하고, 제목, 설명, 태그 등 비즈니스 메타데이터를 입력 후 Data Catalog에 배포하면, 사용자 B가 Data Catalog를 통해 해당 REST API를 검색하고 조회할 수 있습니다. 이런 방식으로 사용자들이 작성한 쿼리 기반의 Data API를 서로 간에 공유할 수 있게 되는 것입니다.

다음으로 **'Direct Connection'을 통한 연계**는 Data Lake와 데이터 전처리/분석 도구 등의 애플리케이션 간에 JDBC,[19] ODBC[20] 등의 '데이터베이스 인터페이스'를 통해 직접 연결하여 필요한 데이터를 확보할 수 있도록 하는 방식입니다. (다음 '그림 43. Direct Connection' 참조)

그림 43. Direct Connection

그림과 같이 애플리케이션에서 쿼리를 통해 데이터를 요청하면 JDBC 혹은 ODBC

---

19 Java Database Connectivity의 약자로, Java 프로그램과 DB 간에 연결할 수 있는 인터페이스를 의미.

20 Open Database Connectivity의 약자로, DB에 접근하기 위한 표준 프로그래밍 인터페이스를 의미.

드라이버/관리자를 통해 Data Lake에 직접 연결하여 해당 데이터를 요청하고, 결과 데이터를 다시 JDBC 혹은 ODBC 드라이버/관리자를 통해 요청한 애플리케이션에게 전송합니다. 이와 같은 Data Lake와 애플리케이션 간의 직접적인 연결은 자칫 Data Lake에 과도한 부하를 초래하여 서비스에 지장을 줄 수 있으므로, 제한적으로 허용하는 것이 바람직합니다. 예를 들어, Data Lake에서 제공하는 '대화식 쿼리 서비스', 데이터 전처리 도구, 데이터 분석 도구 외에는 REST API 방식으로 접근하도록 하는 등의 정책이 있어야 합니다. 하지만 과도한 통제는 사용자의 불편을 초래할 수 있으므로, Data Lake 리소스와 사용자 Pool을 고려하여 Ops 서비스의 지장을 초래하지 않는 한에서 조절해야 합니다.

　마지막으로 **'데이터 전송 서비스'를 통한 연계**는 Data Lake의 데이터를 사용자가 지정하는 타깃 데이터베이스/저장소로 전송해 주는 서비스입니다. (다음 '그림 44. 데이터 전송 서비스' 참조)

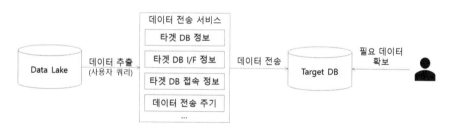

그림 44. 데이터 전송 서비스

　그림에서 보듯이 사용자가 입력한 쿼리를 사용자가 지정한 '데이터 전송 주기'(초/분/시/일)에 따라 Data Lake에서 데이터를 추출, 즉 쿼리를 실행하여, '타깃 데이터베이스 정보'(호스트명, IP, 포트번호 등), '타깃 DB 인터페이스 정보'(ODBC, JDBC 등), '타깃 DB 접속 정보'(접속 ID, 패스워드), 타깃 데이터베이스/저장소로 전송하는 서비스입니다. 사용자는 '대화식 쿼리 서비스'에서 쿼리와 변수를 설정하고, '배치 스케줄러' 서비스를 통해 해당 쿼리의 실행 주기와, 타깃 데이터베이스의 정보를 설정할 수 있습니다. '배치 스케줄러'는 설정된 주기에 따라 쿼리 실행하고, 결과 데이터를 입력된 타깃 위치에 전송할 수 있게 합니다.

7. 데이터 서비스 Layer

'데이터 서비스 Layer'는 Data Lake의 데이터를 잘 활용할 수 있도록 사용자에게 제공되는 서비스를 구성하는 영역입니다. (다음 '그림 45. 데이터 서비스 Layer' 참조)

그림 45. 데이터 서비스 Layer

그림에서 보듯이 '데이터 서비스 Layer'는 필요한 데이터를 탐색하고 확보할 수 있게 해 주는 **'Data Catalog'** 서비스, 실데이터를 쿼리(SQL)를 통해 조회하고 Data API 로 생성하고 Data Catalog에 배포해 주는 **'대화식 쿼리'** 서비스, 데이터 분석가가 대용량 데이터를 서버 환경에서 자유롭게 분석할 수 있도록 해 주는 **'Sandbox'** 서비스, 데이터의 프로파일링, 정제, 병합 등 전처리를 지원해 주는 **'데이터 전처리'** 서비스, Python 등 프로그래밍 언어, 시각화/BI 등 데이터 분석을 지원해 주는 **'데이터 분석'** 서비스를 포함합니다.

Data Catalog는 사용자가 Data Lake의 데이터를 검색하고, 데이터의 비즈니스 Context와 기술적 상세사항을 이해한 후, 데이터를 확보(다운로드)할 수 있도록 합니다. 또한 데이터 조회할 수 있도록 '대화식 쿼리' 서비스로 연계하거나, 데이터 전처리 도구, 데이터 분석 도구로 연계할 수 있도록 합니다. (다음 '그림 46. Data Catalog 서비스 구성' 참조)

그림 46. Data Catalog 서비스 구성

Data Catalog를 활용할 때 어떤 장점이 있는지 알아보기 위해, 기존의 '메타데이터 관리 시스템'을 활용했을 때와 Data Catalog를 활용할 때의 데이터 확보 프로세스의 차이점을 비교해 보도록 하겠습니다.

먼저 기존의 '메타데이터 관리 시스템'을 활용한 필요 데이터 확보 프로세스는 어떠했는지 예시를 들어 보겠습니다. 일반적으로 대기업의 IT 시스템(애플리케이션)은 수백 개 이상이며, 애플리케이션 당 테이블/파일 역시 수백 개 이상일 것이므로, 전사에는 수만 개 이상의 테이블/파일이 있을 것입니다. 그리고 테이블/파일별로 최소 수십 개의 컬럼/필드가 있으므로, 전사에 총 수십/수백만 개의 컬럼/필드가 있게 됩니다.

이렇게 전사의 수만 개의 테이블/파일, 수십/수백만 개의 컬럼/필드 중에서 필요한 데이터를 찾기란 사실상 불가능하며, 어떤 데이터가 어디에 있는지 모두 알고 있는 사내 구성원은 아마 아무도 없을 것입니다. 결국 사내의 어떤 사용자도 자신이 찾는 데이터의 테이블명/파일명이 무엇인지, 그 중에 필요한 컬럼명/필드명이 무엇인지 알 수 없을 것입니다. 혹시 관련 업무 담당자를 찾아 물어 물어서 관련 테이블명/파일명, 컬럼명/필드명을 찾았다고 하더라도, 이 데이터를 확보하려면 적절한 요청 사유를 입력 후 해당 '데이터 오너' 부서장의 승인을 받아야 할 것입니다. 이 과정에서 '메타데이터 관리 시스템'을 활용하여 메타 정보를 확인하고, 활용 승인을 요청하고, '데이터 오너'가 승인하는 워크플로우를 진행하게 됩니다. 승인을 받은 후에는 임시 ID와 패스워드로 해당 시스템에 접근하여 데이터를 수작업으로 다운로드 받고 (혹은 데이터베이스 담당자가 직접 추출하여 제공), 필요한 데이터가 여러 개일 경우 이를 반복합니다. 다운로드가 끝난 후에는 사용자의 로컬 PC 환경에서 수작업으로 데이터를 취합, 정제 후 분석을 시작하게 됩니다. (다음 '그림 47. 기존의 필요 데이터 확보 프로세스 예시' 참조)

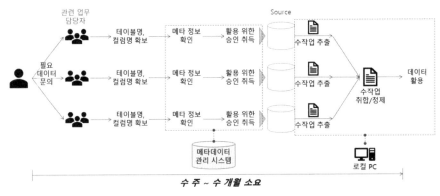

그림 47. 기존의 필요 데이터 확보 프로세스 예시

그림과 같이 사용자는 복잡하고 오랜 기간(수 주에서 수개월까지 소요)이 걸리는 절차를 거쳐 필요 데이터를 확보하게 됩니다. 필요 데이터 확보를 위한 또 하나의 절차는 '데이터 웨어하우스'를 통하는 것인데, 이는 명확한 분석 요건을 정의하여 IT 담당자에 요청해야 하는 것으로, 실제 데이터를 보기 전까지는 이러한 분석 요건을 정의하기가 쉽지 않은 것이 사실입니다. 따라서 위의 그림의 절차를 먼저 거쳐야만 IT 담당자에 '데이터 웨어하우스' 모델링 변경 요청을 위한 분석 요건 정의가 사실상 가능할 것입니다.

그러면 이제 Data Catalog를 통해 필요 데이터를 확보할 때는 어떤 절차를 거치는지 확인해 보겠습니다. (다음 '그림 48. Data Catalog를 통한 필요 데이터 확보 프로세스 예시' 참조)

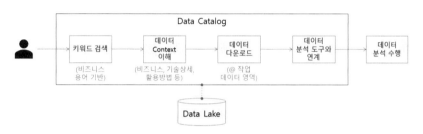

그림 48. Data Catalog를 통한 필요 데이터 확보 프로세스 예시

그림에서 보듯이 Data Catalog를 통해 Data Lake 내 필요 데이터를 확보할 수 있습니다. 먼저 업무 담당자들에게 일일이 문의할 필요 없이 비즈니스/업무 용어 기반의 키워드를 통한 검색으로 필요한 데이터를 찾을 수 있습니다. 즉, 정확한 테이블명, 예를 들어, 'cust_order_info'라고 입력할 필요 없이 '고객 주문 정보'라고 입력하면, 전사의 고객 주문과 관련된 데이터베이스, 파일시스템, 테이블, 파일, 컬럼, 필드, 쿼리, API, 보고서, 지식(Article) 등 다양한 '데이터 객체(Data Object)'를 검색할 수 있습니다. 검색결과의 각 데이터 객체를 선택하여 제목, 설명, 태그 등 비즈니스 Context를 이해하면서 사용자가 필요로 하는 데이터 맞는지 확인합니다. 각 데이터 객체의 세부 구성(컬럼/필드 등), 데이터 프로파일링 정보(값의 분포 등), 데이터 리니지, 샘플 데이터 등 기술적 세부사항을 함께 검토합니다. 또한 다른 사용자들이 어떻게 활용하는지 쿼리, API 등도 확인할 수 있으며, 검토 중 문의하고 싶은 내용이 있다면 해당 데이터의 '데이터 Steward' 혹은 자주 활용하는 '인기 사용자'에게 질의할 수도 있

습니다. 또한 기존의 사용자들이 질의응답한 내용을 조회할 수도 있습니다. 즉 주변 전문가를 찾아서 도움을 받지 않고도 Data Catalog를 통해 해당 데이터를 찾고 이해할 수 있는 것입니다.

사용자는 메타데이터를 검토 후 본인이 찾고자 했던 데이터가 맞을 경우, Data Lake의 '작업 데이터' 영역 혹은 사용자의 로컬 PC로 해당 데이터를 다운로드할 수 있습니다. 혹은 사용자가 지정한 타깃 DB로 설정한 주기에 따라 전송할 수도 있습니다. 즉 데이터 확보를 위한 승인 절차, 수작업 추출 절차가 필요 없이, 사용자가 직접 자동화된 Data Catalog 시스템을 활용하여 진행할 수 있습니다. 다운로드한 데이터는 데이터 전처리/분석 도구와 연계하여 분석이 가능합니다.

다시 정리해 보면, 모든 데이터 확보 프로세스는 수작업 없이 자동으로 진행하고, 사용자가 스스로 직접 진행하는 Self-Service 방식이며, 로컬 PC가 아닌 서버 (Hadoop) 환경에서 대용량 데이터를 확보하고 분석할 수 있는 것이 기존 데이터 확보 프로세스 대비 가장 큰 차이점입니다.

▌1) 데이터 검색

먼저 **키워드 검색**은 사용자의 언어, 즉 비즈니스/업무 용어 기반의 키워드를 통해 필요한 데이터를 검색하게 해 주는 서비스를 의미합니다. 이는 기존 '메타데이터 관리 시스템'의 테이블명 혹은 파일명으로 데이터를 찾았던 기능과 가장 중요한 차이점 중 하나입니다.

이러한 검색 기능을 구현하기 위해서는 많은 것들을 준비해야 합니다. 우선 검색 대상인 '데이터 객체'의 종류를 정의하고, 각 '데이터 객체'의 메타데이터를 구축하여야 합니다. 또한 비즈니스 메타데이터 중 '비즈니스 용어'들을 관리할 수 있는 '비즈니스 용어 사전'이 필요합니다. 검색 대상인 키워드를 색인(Index)화하여 등록하여야 하고, 이 색인을 각 '데이터 객체'에 연결시켜야 합니다. (다음 '그림 49. 키워드 검색 구현을 위한 필요요소' 참조)

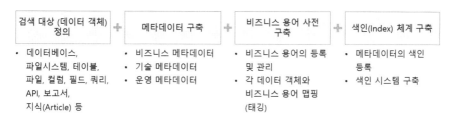

그림 49. 키워드 검색 구현을 위한 필요요소

키워드 검색 구현을 위한 첫 번째 필요요소는 **검색 대상이 되는 '데이터 객체'의 유형과 종류를 정의**해야 합니다. '데이터 객체'의 유형은 원천 시스템으로부터 수집한 **'원본 데이터 객체'**와 사용자들이 생성한 **'사용자 생성 객체'**로 구분할 수 있을 것입니다. (다음 '그림 50. 데이터 객체의 유형과 종류' 참조)

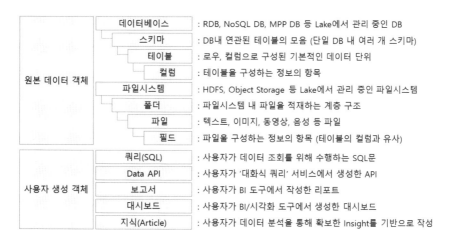

그림 50. 데이터 객체의 유형과 종류

그림과 같이 **'원본 데이터 객체'**에는 데이터베이스와 파일시스템이 있으며, 데이터베이스는 '스키마 〉 테이블 〉 컬럼' 형태로 데이터를 관리하고, 파일시스템은 '폴더 〉 파일 〉 필드' 형태로 '데이터 객체' 구조를 관리합니다. 기존 '메타데이터 관리 시스템'이나 일반적인 Data Lake 담당자들은 이 '데이터 객체' 중 테이블과 파일만 관리하면 된다고 생각하는 경우가 많습니다. 하지만 사용자가 필요한 데이터를 찾을 때에는 어떤 데이터베이스의 어떤 스키마의 어떤 테이블의 어떤 컬럼을 활용해야 할지, 어떤 파일시스템의 어떤 폴더의 어떤 파일의 어떤 필드를 사용해야 할지를 모두 알아야 합니다. 즉 테이블과 파일 정보만 가지고는 데이터를 활용할 수 없으며, 컬럼, 필드 정보까지 알아야 하므로, 사용자가 키워드로 검색 시 이러한 '데이터 객체'를 모두 검색할 수 있어야 합니다.

그림의 **'사용자 생성 객체'**는 사용자가 생성한 쿼리, API, 보고서, 대시보드, 지식(Article) 등 여러 가지 종류의 '데이터 객체'가 있습니다. 일반적인 Data Lake 실무자들은 이러한 사용자가 생성한 '데이터 객체'의 메타데이터를 저장하여 검색 대상이 되어야 한다고 생각하지 않는 경우가 많습니다. 하지만 '사용자 생성 객체'는 실질적인 사용자들의 활용 행태를 파악할 수 있는 중요한 자료입니다. 예를 들어, 사용자는 보통 필요한 데이터가 하나의 테이블에 있지 않은 경우가 허다합니다. 따라서 필요한 원본 테이블 각각을 다운로드 받아서 Join, 가공, 병합을 하는 과정을 거칩니다. 하지만, 이러한 과정을 거친 결과 쿼리를 다시 다른 사용자에게 공유할 수 있다면, 이 쿼리를 확보한 사용자는 앞의 복잡한 과정을 거칠 필요가 없습니다. 즉 **사용자들의 데이터 활용 행태를 서로 공유**함으로써, 더욱 효율적이고 편리한 활용이 가능한 것입니다. 사용자의 데이터 Self-Service를 위해 가장 핵심적으로 진행해야 할 과제가 바로 이 부분입니다. 보고서/대시보드 역시 다른 사용자들이 QlikView, Tableau 등 BI 도구에서 생성한 정보를 Data Catalog에서 검색할 수 있다면, 이러한 사용자 간의 공유가 갈수록 늘어 간다면, 경제학에서 얘기하는 '네트워크 효과(Network Effect)'가 더욱 크게 증가할 것입니다. 이것이 바로 모든 분야에 점점 그 위력을 발휘하고 있는 '집단 지성' 혹은 '크라우드 소싱(Crowdsourcing)'을 기업 내에서 효과적으로 활용하는 방법이기도 합니다. 전문 분야로만 알고 있던 빅데이터의 대중화, 그것이 바로 Data Lake의 지향점이기도 합니다.

키워드 검색 구현을 위한 두 번째 필요요소는 **메타데이터의 구축**입니다. 키워드 검색의 대상이 되는 메타데이터는 크게 제목, 설명, 태그 등의 '비즈니스 메타데이터'와 테이블명, 파일명, 컬럼명, 필드명 등 '기술 메타데이터'로 구분할 수 있습니다. 또한 '데이터 Steward' 등 운영 메타데이터가 될 수도 있습니다. 예를 들어, '데이터 Steward'의 이름을 검색하면 해당 담당자가 관리하는 '데이터 객체' 목록을 모두 조회할 수 있을 것입니다. (다음 '그림 51. 검색 키워드의 대상' 참조)

그림 51. 검색 키워드의 대상

그림과 같은 검색 키워드 대상들은 검색 색인(Index)으로 '키-값 저장소'에 등록해 놓아야 키워드로 검색 시 해당 키워드에 대한 검색 결과를 조회할 수 있습니다. Hadoop에는 일차적으로 Namenode에 메타데이터를 저장하고, Hive에는 메타데이터 저장소 Metastore가 있으니, 이를 Data Lake 메타데이터 데이터베이스로 연계해야 합니다. 또한 기업 내부에는 이미 '통합 메타데이터 저장소'를 이미 관리하고 있는 경우가 있으니, 이와 Data Lake의 메타 DB와의 연계 혹은 통합도 검토해야 합니다.

키워드 검색 구현을 위한 세 번째 필요요소는 **'비즈니스 용어 사전'을 구축**하는 것입니다. 제목, 설명, 태그와 같은 부분은 사용자가 자연어로 입력한 데이터입니다. (제목과 태그는 Data Catalog 시스템이 추론을 통해 추천하기도 합니다.) 이 자연어를 색인으로 등록하기 위해서는 모든 단어를 색인으로 등록하는 것보다는, 단어 단위로 분리하되, 비즈니스 용어로 등록되어 있는 경우에만 검색 색인으로 등록하는 것이 효율적일 것입니다. 따라서 '비즈니스 용어 사전'을 등록, 관리하고, 이를 '데이터 객체'와 연계하도록 해야 합니다. 비즈니스 용어를 처음부터 하나씩 등록하는 것은 너무나 비효율적이며, 통상 회사 내부에서 IT 시스템으로 혹은 엑셀 파일로 관리하고 있는 경우가 대부분입니다. 따라서 이를 초기 데이터로 등록한 후, 사용자들이 직접 추가/수정할 수 있도록 하여 현행화할 수 있도록 하는 것이 바람직합니다.

키워드 검색 구현을 위한 네 번째 필요요소는 **검색 색인(Index) 체계를 구축**하는 것입니다. 전사 내에 등록해야 할 '데이터 객체'는 수십만 개 이상이 있고, 사용자 생성 객체까지 포함할 경우에는 훨씬 더 많은 데이터 객체가 있습니다. 이 각각의 '데이터 객체'에 대해 위의 '그림 '과 같은 검색 키워드에 대상에 대한 색인을 모두 등록해야 하고, 전사 사용자의 수도 고려해서 검색엔진의 성능상의 이슈가 발생하지 않도록 해야 할 것입니다. 또한 키워드 검색은 사용자들이 이미 구글과 같은 고성능 검색엔진에 익숙해져 있어, 검색 결과에 대한 사용자들의 기대수준이 매우 높습니다. 따라서 검색 결과의 완성도를 높이기 많은 노력을 지속적으로 해야 합니다. 그렇지 않으면 사용자들이 필요 데이터를 찾을 수 있는 확률이 크게 감소할 수 있고, 이는 Data Lake의 활용률 저조로 이어질 것입니다. Hadoop 생태계의 오픈 소스 기반의 검색 엔진 플랫폼으로는 Apache Solr, Elasticsearch 등이 있으니 이를 활용하여 구축할 수 있습니다.

다음으로 **카테고리 검색**은 비즈니스 분류 체계, 기술적 분류 체계 등 분류를 기반으로 데이터를 검색하는 서비스를 의미합니다. 즉 키워드 검색은 사용자가 임의의 키워드를 통해 검색하지만, 카테고리 검색은 정해진 분류 체계에 따라 필요한 데이터를 검색하는 것입니다. (다음 '그림 52. 비즈니스 분류 체계 예시' 참조)

그림 52. 비즈니스 분류 체계 예시

그림의 비즈니스 분류 체계를 보면 레벨 1~3의 3단계로 분류하고 그 하위에 '데이터 객체'를 Mapping한 것을 볼 수 있습니다. 레벨이 4단계 이상으로 너무 많으면 분류를 정의하기도 어렵고, 사용자도 데이터를 찾기에 불편해할 수 있으니, 적당한 레벨(3 정도)을 선택하여 정의해야 할 것입니다. 그림의 예시에서는 사용자가 '마케팅/판매 > 마케팅전략 > 고객분석' 분류를 선택 후 최종적으로 '고객 360 View 분석' 데이터를 선택한 것입니다. 레벨 3 하위에 매핑할 데이터는 상당히 많아질 수 있어 해당 카테고리에서 키워드 검색을 할 수 있도록 하여 카테고리 검색과 키워드 검색을 조합하여 서비스하는 것이 바람직합니다.

하지만 많은 담당자들이 가장 어려워하는 것 중의 하나가 이 '비즈니스 분류 체계'를 정의하는 일일 것입니다. 기업 내의 어떤 전문가도 자신의 회사 내의 모든 업무를 알 수는 없습니다. 그렇다고 해서 모든 업무를 총괄하는 경영진이 이 분류 체계를 만드는 것도 현실적으로 어려울 것입니다. 그나마 현실적인 방법을 몇 가지 제시하도록 하겠습니다.

첫 번째 방법은 전사 Data Lake 추진 팀이 **전체 분류 체계를 Top-down으로 정하여 내려 주는 것**입니다. 우선 '레벨 1'은 '마이클 포터' 교수의 '가치 사슬(Value Chain)'을 기반으로 기업의 업무 활동을 위의 그림과 같이 분류할 수 있습니다. '레벨 1'은 거의 대부분의 기업에서 보유하고 있는 활동이므로 거의 수정할 일이 없을 것입니다. '레벨 2'부터 하위 레벨은 비즈니스 특성에 따라 상이할 수 있으므로, 개별 부서들과의 인터뷰가 필요합니다. 연구개발은 R&D 부서와, 마케팅/판매는 마케팅 부서, 영업 부서와의 인터뷰가 필요합니다. 하지만 단일 분류 체계를 합의하기까지는 상당한 시간이 소요될 수 있으며, 합의 결과를 도출하더라도 모두 동의하기는 어려울 것입니다. 또한 '데이터 객체'를 분류 체계에 매핑하기도 상당히 까다로울 수 있어 잘못 매핑하는 경우도 상당수 발생할 수 있습니다.

두 번째 방법은 첫 번째 방법인 **Top-down 방식과 '크라우드 소싱', 즉 Bottom-up 방식을 혼용**하는 방법입니다. 즉 상위의 '레벨 1'은 구성원 간의 별로 이슈가 없으므로 Data Lake 추진 팀이 정하여 내려 주고, '레벨 2'부터는 '데이터 Steward' 등 사용자가 직접 추가/수정할 수 있도록 하는 것입니다. 사용자가 직접 추가/수정할 수 있게 하는 것은 태그를 활용하는 방법이 있습니다. 사용자는 각 '데이터 객체'에 태그를 등록하므로, 이 태그 간의 Hierarchy를 구성하여 분류체계를 만들 수 있습니다. 이 태그 간의 Hierarchy 구성은 결과물에 대한 정합성의 우려로 인해, '데이터 Steward' 등 고급 사용자에 한정할 수도 있을 것입니다. 각 '데이터 객체'는 등록하는 태그에 따라 여러 가지 카테고리에 속할 수 있는 비교적 자유로운 체계이나, 사용자가 등록한 태그의 정확도/신뢰도가 낮을 경우, 분류체계에 대한 신뢰도가 저하될 우려가 있습니다. (태그의 정확도 개선을 위해 시스템의 추론을 기반으로 추천하고, 사용자가 확인하는 방법이 많이 활용됩니다.)

세 번째 방법은 **기존의 지식 분류 체계를 초안으로 하여 사용자의 수정을 허용**하는 방법입니다. 일반적인 대기업은 사내 '지식 관리(Knowledge Management: KM)' 시스템을 보유하고 있을 것입니다. 지식 관리 시스템 구축 시에도 가장 난이도가 높고 어려웠던 부분이 '지식 맵(Knowledge Map)'이라고 부르는 '지식 분류 체계'를 구성하는 일이었습니다. 이 '지식 분류 체계'는 비즈니스, 즉 업무, 제품, 서비스 등을 기준으로 하는 경우가 많았고, 데이터 분류 체계 역시 비슷한 고민을 반복할 필요 없이 일단 '지식 맵'을 기준으로 초안을 구성하는 것도 좋은 방법이 될 것입니다. 또한 이러한 '비즈니스 분류 체계'는 자사의 업무 영역 변화, 제품/서비스 변화에 따라 지속 변경해 나가야 하므로, 이 부분은 사용자 혹은 '데이터 Steward'의 집단 지성에 의존하는 방법도 좋은 대안이 될 것입니다.

이러한 '비즈니스 분류 체계'를 구성하는 것은 상당히 난이도가 높고 이슈가 많지만, **기술적 분류 체계**는 비교적 명확하게 구성할 수 있습니다. (다음 '그림 53. 기술적 분류 체계 예시' 참조)

Lake Hive	스키마 1
	스키마 2
	...

테이블 1	컬럼 1
테이블 2	컬럼 2
...	...

Lake HDFS	폴더 1
	폴더 2
	...

파일 1	필드 1
파일 2	필드 2
...	...

쿼리(SQL)	: DB/스키마별 분류
Data API	: DB/스키마별 분류
보고서	: BI 도구별 분류
대시보드	: BI 도구별 분류
지식(Article)	: 비즈니스 분류

그림 53. 기술적 분류 체계 예시

그림과 같이 '레벨 1'은 '데이터 객체' 전체 종류를 모두 나열한 것이고, (기업별로 '데이터 객체'의 종류는 상이하게 정의할 수 있습니다.) 2 이하의 하위 레벨은 선택한 '데이터 객체' 유형에 따라 상이하게 정의할 수 있습니다. 그림의 예시와 같이 데이터베이스 객체인 'Lake Hive'를 선택했을 경우, 하위 레벨을 선택함에 따라 '스키마명 〉 테이블명 〉 컬럼명'이 Tree 구조로 순서대로 나타납니다. 파일시스템 객체인 'Lake HDFS'를 선택했을 경우, 하위 레벨을 선택함에 따라 '폴더명 〉 파일명 〉 필드명'이 순서대로 나타나는 구조입니다. 데이터베이스와 파일시스템 객체 외의 나머지 '데이터 객체'는 각 종류별로 하위 분류 체계가 상이할 수 있습니다. 예를 들어, 쿼리(SQL)와 API 객체는 DB/스키마별로 분류하고, 보고서와 대시보드 객체는 BI 도구별로 분류하며, 지식(Article) 객체는 앞서 언급한 비즈니스 분류 체계를 준용하는 것입니다. 이것은 제가 제시하는 안이며, 각 기업은 더 좋은 분류 체계를 고안하거나 적용할 수도 있을 것입니다. 분명한 것은 '기술 분류 체계'는 '비즈니스 분류 체계'보다는 좀 더 명확하고, 사용자 간의 이견도 별로 없을 거라는 것입니다.

▌ 2) 데이터 Context 이해

Data Catalog 서비스의 두 번째 기능은 **데이터 Context를 이해**하는 것입니다. 즉 '데이터 객체'의 비즈니스 Context를 이해하고, 기술적 세부사항을 이해하며, 활용 현황을 파악하는 것입니다. 이는 사용자들이 각 '데이터 객체'의 Data Catalog에 구성된 내용을 조회하는 행위를 통해 이루어집니다.

먼저 사용자들이 '데이터 객체'의 비즈니스 Context를 이해하는 방법은, Data Catalog에 구성된 제목, 설명, 태그를 조회하여 기본적 배경지식을 이해하고, 필요 시 '데이터 오너' 혹은 '데이터 Steward' 혹은 '인기 사용자'에게 질의해보는 것입니다. 물론 기존에 다른 사용자들이 질의 응답했던 내용을 조회하여 추가적인 정보를 얻는 것도 가능합니다. (다음 '그림 54. 비즈니스 Context의 이해' 참조)

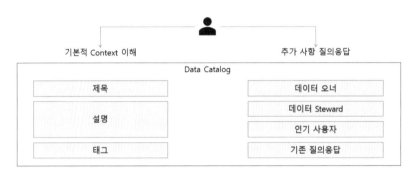

그림 54. 비즈니스 Context의 이해

제목, 설명, 태그와 같은 '비즈니스 메타데이터' 정보는 '데이터 Steward'만 등록/수정하도록 하는 것보다는 Wiki와 같이 일반 사용자도 수정 가능하도록 하고, 수정 이력을 남기도록 하는 것이 바람직합니다. 어떤 경우에는 데이터 담당자보다 그 데이터를 이용하는 사용자들이 해당 데이터에 대해 더 많은 지식을 가지고 있는 경우도 있기 때문입니다. 이 때문에 '인기 사용자'에게 직접 문의하는 기능도 필요한 것입니다.

기본적 Context 이해를 위한 정보 항목 중 **'제목'**은 말 그대로 해당 '데이터 객체'에 대한 정의를 몇 개의 단어로 응축하여 나타내는 문구입니다. 예를 들어, 'cust_ order_info'와 같은 물리적 테이블명이 아니라, '고객 주문 정보'와 같은 비즈니스적 의미로 제목을 표현해야 하는 것입니다. 이렇게 표현해야만 일반 사용자들이 '데이터 객체'의 제목만 보고도 어떤 정보가 포함되어 있는지 쉽게 짐작할 수 있을 것입니다. 이 '제목'은 사용자가 입력해야 하는 정보로, 입력하는 것을 귀찮아 하고, 일부 사용자는 어려워할 것이 당연합니다. 따라서 기존에 입력된 제목들을 바탕으로 시스템이 추론하여 추천하는 기능이 필요할 수 있습니다. 예를 들어, 기존의 물리명, 제목, 태그 등을 바탕으로 제목을 자동으로 생성하고, 사용자가 이를 확인하고 수정하도록 하면 입력율과 정확도를 함께 향상시킬 수 있을 것입니다.

기본적 Context 이해를 위한 정보 항목 중 '제목' 다음으로 **'설명'**은 데이터가 어떠한 정보를 담고 있는지 기술하는 내용으로 작성해야 합니다. 어떤 경우는 첨부 문서가 필요할 수도 있을 것입니다. 데이터가 어떻게 생성되는지, 어떤 항목들이 있는지, 어떤 경우에 어떤 항목이 업데이트되는지, 이 데이터를 활용하는 방법과, 활용 시 유의사항에 대한 정보 등이 있을 것입니다. 예를 들어, 위의 '고객 주문 정보'의 경우 설명에 들어갈 내용은…

> "고객이 대리점 채널, 웹/모바일 쇼핑 채널을 통해 주문 시 데이터가 생성되며, 주문을 1건 할 때마다 1개의 레코드가 생성됩니다. 주문 번호, 고객 번호, 채널 코드, 상품 ID, 주문 일시 등의 정보를 포함하고 있으며, 주문한 상품이 여러 개일 경우 '고객 상품별 주문 정보' 테이블을 참고해야 합니다. 데이터 조회 시, 고객 테이블, 상품 테이블과 Join하여 주로 활용됩니다. …"

위와 같이, 주변의 직원이 해당 데이터에 대해 문의했을 때, 이에 답변하여 설명하듯이 기술해야 합니다. 기술된 내용 중 '비즈니스 용어'에 대해서는 링크를 걸어 '비즈니스 용어 사전'으로 연결될 수 있도록 구성하는 것이 바람직합니다. 또한 '데이터 객체'가 '쿼리(SQL)'나 'Data API'의 경우는 SQL문도 포함해야 하고, '보고서' 혹은 '대시보드'의 경우 보고서 요약본, 대시보드 이미지를 표시할 수 있도록 해야 할 것입니다. 그리고 '보고서', '대시보드', '지식(Article)'이 활용한 '데이터 객체'에 대한 목록도 나타날 수 있도록 해야 합니다.

기본적 Context 이해를 위한 다음 정보 항목으로 **'태그'**는 데이터에 대한 비즈니스적 의미, 특성을 키워드(단어 혹은 문구) 형식으로 나타낼 수 있는 정보입니다. 우리가 흔히 SNS에 포스트 시 등록하는 태그와 유사한 개념이라 생각하면 됩니다. 예를 들어, 위의 '고객 주문 정보'의 경우, 태그는 '고객 주문', '채널별 판매', '고객 민감 정보 (고객명, 배송 주소 등이 포함되었을 경우)' 등을 추가할 수 있을 것입니다. 이 태그 정보는 '비즈니스 분류 체계' 구성 시에 활용할 수도 있고, 검색 키워드로도 활용할 수 있습니다. 또한 등록된 태그를 운영 처리 기준으로도 활용할 수 있을 것입니다. 예를 들어, 위의 예시와 같이 '고객 민감 정보'와 같은 태그가 포함되었을 경우, 비식별화/마스킹 대상이라는 것을 인지할 수 있을 것입니다. 따라서 비식별화/마스킹 처리하기 전에는 사용자에게 샘플 데이터를 제공하지 않도록 조치할 수 있습니다.

이와 같이 태그는 다양한 용도로 활용할 수 있는 중요한 정보이나, 사용자가 입력해야 하는 정보입니다. 따라서 정확도와 입력율이 낮을 수 있으므로, '제목' 항목과 같이 시스템이 자동으로 추천 후 사용자가 수정하는 방식이 바람직할 것입니다. 즉 기존의 '데이터 객체'의 물리명, 제목, 태그 정보의 조합으로 태그를 추천하고, 사용자의 수용, 비수용, 수정 내용에 따라 다시 학습에 반영하는 '기계 학습(Machine Learning)' 기법을 추천 기능에 활용해야 할 것입니다. (다음 '그림 55. '태그' 정보 추천 기능' 참조)

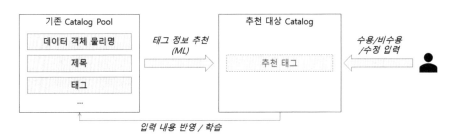

그림 55. '태그' 정보 추천 기능

추가사항 질의응답을 위한 정보 항목 중 **'데이터 오너'**는 해당 데이터를 생성하는 원천 시스템의 담당자 혹은 부서의 장을 의미합니다. 즉 원천 데이터의 생성과 정합성을 책임지는 담당자라고 볼 수 있습니다. 원천 데이터에 대한 생성/업데이트 기준, 활용방법 등 비즈니스적/기술적 세부사항에 대한 문의가 있을 경우, '데이터 오너'에게 질의할 수 있습니다. 또한 사용자가 민감한 개인 정보를 포함하는 데이터, 산업 보안 규제 대상 데이터, 회사 내부의 민간 데이터를 활용하기 위해서는 '데이터 오너'의 승인을 득하여야 합니다. '데이터 Steward' 역할을 수행할 담당자가 없을 경우 등 필요에 따라 '데이터 오너'가 '데이터 Steward'의 역할까지 담당하기도 합니다.

추가사항 질의응답을 위한 정보 항목 중 **'데이터 Steward'**는 Data Lake의 데이터를 준비하고 서비스하는 담당자를 의미합니다. 즉 '데이터 오너'는 원천 시스템 쪽의 현업 담당자이지만, '데이터 Steward'는 Data Lake 쪽의 IT/데이터 담당자입니다. 따라서 Data Catalog의 '데이터 객체'를 큐레이션하는 역할, 즉 각종 항목들을 입력하고, 오류가 없는지 체크하고, 사용자들이 해당 데이터를 활용하는 데 있어 불편함이나 어려움이 없는지 점검하고 해결해 주는 역할을 담당해야 합니다. 어떤 경우는 '데이터 Steward'가 여러 명이 있기도 합니다. 그 중 일부 담당자는 비즈니스 영역, 일부 담당자는 IT 기술적 영역을 담당하기도 합니다. 따라서 사용자는 일차적인 데이터에 대한 요구사항은 이 '데이터 Steward'를 통해 전달하면 됩니다.

추가사항 질의응답을 위한 정보 항목 중 **'인기 사용자'**는 해당 '데이터 객체'를 활용하여 쿼리 혹은 Data API를 많이 작성하고, 이를 다른 사용자가 많이 조회하는 인기 '데이터 객체'인 경우에 자동으로 집계/선정되는 사용자를 의미합니다. 즉 해당 '데이터 객체'에 대한 활용 전문가를 의미하는 것입니다. 따라서 데이터 활용에 대한 문의사항은 '인기 사용자'에게 질의하는 것이 가장 고품질의, 빠른 답변을 얻을 수 있을 것입니다.

비즈니스에 대한 배경지식 다음으로 데이터 Context를 이해하기 위해서는 '데이터 객체'에 대한 **기술적 세부사항**을 이해해야 합니다. 기술적 세부사항은 '데이터 객체'의 내부 구조에 대한 이해, 원천으로부터 활용까지의 데이터 리니지(계보)에 대한 이해, 데이터 프로파일링, 샘플 데이터, 데이터 품질 평가(리뷰) 조회를 통한 실데이터에 대한 이해로 구분할 수 있습니다. (다음 '그림 56. 기술적 세부사항에 대한 이해' 참조)

그림 56. 기술적 세부사항에 대한 이해

먼저 '데이터 객체'의 **내부 구조의 이해**를 위해서는 필드명, 필드 사이즈, 필드 유형 등을 파악해야 합니다. 사용자가 필요로 하는 정보 항목(필드)이 있는지 확인하고, 어떤 항목(필드)과 Join이 가능한지, 필드 유형은 무엇이고 Join을 위해 전환해야 하는지 등 활용을 위한 세부사항을 확인해야 합니다. 이러한 정보는 기본적인 기술 메타데이터 항목들이고, 원천 시스템에 대부분 보유하고 있으므로 수집에 문제가 없을 것입니다.

다음으로 '데이터 객체'의 **데이터 리니지에 대한 이해**가 필요합니다. 데이터 리니지는 데이터 원천으로부터 Data Lake에 수집되어 어떠한 처리를 거쳐 어디에 적재되어 있는지, 어디서 어떤 형태로 활용되고 있는지에 대한 전체 계보를 추적하는 것입니다. 즉 데이터의 출처가 분명한지, 원천 데이터로부터 어떠한 변경/처리가 있었는지, 활용은 어떤 애플리케이션에서 어떤 형태로 활용되고 있는지 등을 확인할 수 있으면 사용자의 데이터에 대한 신뢰도가 향상될 것입니다. 또한 데이터 활용을 위한 또 하나의 근거가 되기도 합니다. 즉 다른 학술 문서 자료와 마찬가지로 데이터도 출처나 활용 레퍼런스가 분명하다면 활용하기에 문제가 없다는 확신을 가질 수 있게 되기 때문입니다.

하지만 데이터 리니지가 유용한 것은 분명하나, 구현을 위해서는 상당한 노력이 필요합니다. 데이터 리니지를 구현하기 위해 여러 가지 접근법을 활용하고 있으나, 아직 명확한 해답은 없는 상태입니다. (다음 '그림 57. 데이터 리니지 구현 방법' 참조)

그림 57. 데이터 리니지 구현 방법

첫 번째 방법은 **데이터 처리**(수집/이동/전처리/분석) **도구들이 데이터 처리가 발생할 때마다 리니지 정보를 생성하여 한곳에 모으는 방법**입니다. 이 방법은 모든 데이터 처리 도구들의 프로그램 소스에 데이터 리니지 생성 로직을 삽입해야 하는 것으로, 신규 '데이터 객체'가 추가되거나, 기존 프로그램을 수정하는 과정에 누락/오류가 종종 발생할 우려가 있습니다. 또한 모든 데이터 처리 로직에 이러한 추가 프로그램을 구현하는 것은 개발자 및 운영자에게 상당한 부담과 동시에 시스템 리소스에도 추가 부담으로 작용할 수 있습니다.

두 번째 방법은 **데이터 처리 로그 파싱**(Parsing)입니다. Data Lake에서 발생하는 (Interface를 포함하여) 모든 데이터 처리 로그(SQL)를 단일 저장소에 모으고, 이를 파싱하여 어떤 시스템/적재소의 어떤 테이블/파일의 데이터가 어떤 시스템/적재소의 어떤 테이블/파일로 적재되고 어떤 애플리케이션에서 어떤 방식으로 활용하고 있는지를 분석하여 자동으로 리니지 정보를 생성하는 것입니다. 물론 이렇게 자동으로 생성된 리니지를 100% 확신할 수는 없으므로, 사용자에게 이 자동 생성 정보를 제공해 주고 수용/비수용/수정 입력에 대한 피드백을 받는 것입니다. 사용자로부터 받은 피드백은 다시 쿼리 파싱 로직에 반영하여 학습('기계 학습'의 활용을 통해)하도록 합니다. 이 방법은 쿼리 로그만 빠짐없이 수집할 수 있다면, 비교적 수작업으로 입력하는 방법 대비 좋은 대안일 수 있습니다. 하지만 로그 파싱 로직을 구현하는 부분, '기계 학습'을 적용하는 부분은 구현에 대한 부담으로 작용할 수 있습니다.

세 번째 방법은 '데이터 객체'의 **물리명 분석을 통한 추론**입니다. 통상의 '데이터 객체'의 물리명 '명명규칙(Naming Convention)'은 어떤 시스템으로부터 왔는지 출처(원천)를 포함하도록 하고 있습니다. 그래서 Data Lake 내부적으로 명명규칙에 의거해서 생성한 '데이터 객체'의 경우는 출처 정보를 비교적 정확하게 파악할 수는 있습니다. 그러나 Data Lake를 활용하는 도구/애플리케이션까지는 이 정보를 파악하기 힘들며, 중간 처리 단계가 있는 경우의 '데이터 객체' 정보, 구체적 데이터 처리 로직은 파악하기 어렵다는 단점이 있습니다.

네 번째 방법은 **사용자**('데이터 Steward' 포함)**가 직접 리니지 정보를 등록**하게 하는 방법입니다. 어떤 사용자는 비교적 정확하고 상세하게 데이터 리니지 정보를 등록할 것이지만, 이 때는 물론 유용한 정보이므로 큰 도움이 될 것입니다. 하지만 대부분의 '데이터 객체'의 리니지 정보란은 비어 있을 가능성이 높습니다. 또한 사용자의 정보 수준에 따라 리니지 정보의 품질 차이가 클 것으로 예상합니다. 따라서 100% 사용자에게 의존하는 것은 바람직한 대안은 아닐 것입니다. 위의 세 가지 자동화 처리 방법의 보완 차원으로써 사용자의 입력을 허용하는 것이 바람직하리라 생각합니다.

데이터 리니지는 통상 다이어그램(그래프) 형태로 표시합니다. (다음 '그림 58. 데이터 리니지 다이어그램 예시' 참조)

그림 58. 데이터 리니지 다이어그램 예시

그림에서 보듯이 '데이터 객체'는 직사각형으로, 데이터 처리는 원형으로 표시하고, '데이터 객체' 직사각형 내부에는 '데이터 객체' 명칭과 해당 '데이터 객체'가 적재되어 있는 시스템 명칭을 기술합니다. 데이터 처리 원형 내부에는 처리 로직을 간략히 기술하고, 해당 원형 선택 시 물론 상세 SQL 등 처리 로직을 조회할 수 있습니다. 이렇게 함으로써 어떤 시스템의 '데이터 객체'가 어떤 처리를 통해 어떤 시스템의 어떤 '데이터 객체'로 적재되었는지를 다이어그램 형태로 한 눈에 파악할 수 있습니다. 이렇게 다이어그램 형태로 표현하기 위해서는 그래프 데이터베이스가 필요합니다. Hadoop 생태계에도 Neo4j와 같은 그래프 데이터베이스가 있으니 이를 활용해 볼 것을 권고합니다.

기술적 세부사항에 대한 이해를 위해 마지막으로 **실데이터에 대한 이해**가 필요합니다. 실데이터에 대한 이해를 위해 여러 가지 방법이 있습니다. 첫 번째로 **'데이터 프로파일링' 결과를 사용자에게 제공**하는 것입니다. 예를 들어, 컬럼별로 프로파일링한 결과로써, 전체 값의 수, Unique값의 수, Null값의 수, Min값, Max값, 데이터 Type 분포 등을 사용자에게 제공한다면, 실제 데이터를 조회하지 않고도 어떤 데이터가 포함되어 있는지 짐작할 수 있고, 또한 데이터에 대한 신뢰도를 파악할 수 있습니다. 두 번째로 **샘플 데이터를 제공**하는 것입니다. 실데이터 중 10건 정도만 사용자에게 샘플로 보여 줌으로써 어떤 데이터인지 대략 파악할 수 있게 합니다. 하지만 '데이터 프로파일링'과 같이 데이터에 대한 신뢰도는 파악하기 어려운 한계가 있습니다. 또한 민감 데이터, 산업 보안 데이터의 경우에는 비식별화/마스킹 처리 후 조회할 수 있거나, 조회를 위한 승인이 필요할 것입니다. 세 번째로 실데이터를 활용해 본 사용자의 **데이터 품질 평가 정보를 제공**하는 것입니다. 실제 데이터를 활용해 본 사용자는 이 데이터를 활용하면 어떤 문제가 있는지, 어떤 점을 유의해야 하는지 등을 알고 있을 것입니다. 그래서 사용자는 데이터 품질에 대한 리뷰를 작성할 수 있으며, 다른 사용자는 이를 참고할 수 있도록 하면 실데이터에 대한 이해도를 높일 수 있을 것입니다.

마지막으로 데이터 Context를 이해하기 위해서는 **사용자들의 해당 '데이터 객체'에 대한 활용 현황을 파악**해야 합니다. 사용자들이 해당 '데이터 객체'를 어떤 방식으로 활용하고 있는지, 즉 어떤 테이블과 Join하여 활용하는지, 다른 사용자들이 이를 얼마나 많이 참조하는지, 어떤 Data API를 만들어 활용하고 있는지 등에 대한 정보를 제공하면 이 '데이터 객체'를 활용하고자 하는 사용자에게 큰 도움이 될 수 있습니다. 아마 실제 사용자들은 이러한 활용 현황에서 제공하는 쿼리나 Data API를 가장 유용하게 생각할 수도 있습니다. 예를 들어, 해당 '데이터 객체'를 포함한 쿼리가 있을 경우, 그 SQL 목록을 보여 주고, 이 쿼리를 실행한 횟수의 역순으로 작성자와 함께 보여 주면 사용자는 해당 쿼리를 복사하여 '대화식 쿼리' 서비스를 통해 데이터를 조회할 수 있을 것입니다. 즉 사용자는 해당 '데이터 객체'에 대한 상세한 이해 없이도 이러한 다른 사용자의 쿼리를 활용하여 필요한 데이터를 쉽게 확보할 수 있는 것입니다. 이러한 쿼리 정보 제공은 앞서 데이터 리니지 설명 시 언급했던 '통합 쿼리 로그'를 기반으로 해야만 가능한 서비스입니다. Data API 역시 마찬가지로 이 '데이터 객체'를 포함하고 있는 Data API 목록을 보여 주고, 실행횟수와 작성자 등을 보여 준다면 사용자는 해당 Data API에 대한 Data Catalog 페이지로 이동하여 활용법을 파악할 수 있을 것입니다.

▌3) 데이터 확보

데이터에 대한 Context를 이해한 후, 해당 데이터가 사용자가 필요로 하는 데이터인 경우, 이제 해당 **데이터를 확보**해야 합니다. 이는 앞서 '데이터 제공 Layer'에서도 언급했듯이, **데이터를 다운로드**할 수도 있고, 해당 **데이터를 타깃 DB로 전송**할 수도 있습니다. 또한 **Data API를 호출**하여 확보할 수도 있습니다. (다음 '그림 59. Data Lake의 데이터 확보 서비스' 참조)

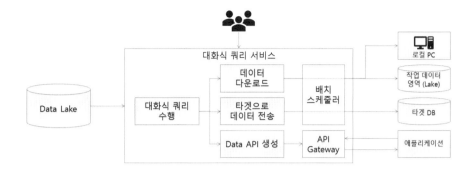

그림 59. Data Lake의 데이터 확보 서비스

이 데이터 확보 서비스는 그림과 같이 '대화식 쿼리' 서비스를 통해 이루어지며, '대화식 쿼리' 서비스는 Data Catalog 내에 포함된 서비스로 제공하는 경우도 있고 (Alation Data Catalog의 경우), 별도 서비스로 제공하면서 Data Catalog와 '대화식 쿼리' 서비스 간에 연계가 이루어지는 경우(Waterline Data의 경우)도 있습니다.

'대화식 쿼리' 서비스의 **대화식 쿼리 수행** 기능은 쿼리를 요청하고 응답하는 과정을 노트북과 같이 기록을 남기면서 계속적으로 수행할 수 있는 기능입니다. Data Lake는 기본적으로 Hadoop 기반이므로, '대화식 쿼리' 서비스에서 Hive 혹은 Impala를 통한 쿼리가 가능하도록 번역기(Interpreter)를 구성해야 합니다. 또한 생성한 쿼리나 Data API는 다른 사용자와 공유를 위해 Data Catalog로 배포가 가능하도록 해야 합니다. 이러한 대화식 쿼리 기능을 제공하는 솔루션은 Hadoop 생태계 내에는 Apache Zeppelin이 있으며, Jupyter Notebook과 같은 오픈 소스 솔루션도 해당 기능을 제공하고 있습니다. 일반적인 데이터 분석가는 Jupyter Notebook을 선호하는 경향이 있으며, 완성도도 높은 편입니다. 그러나 Hadoop 기반으로 전체 Data Lake 솔루션을 구성하고 싶다면 Apache Zeppelin도 좋은 선택이 될 것이라 생각합니다.

'대화식 쿼리' 서비스의 **데이터 다운로드** 기능은 쿼리 수행 결과 데이터를 로컬 PC 혹은 Data Lake 내의 '작업 데이터 영역(Dev)'으로 다운로드할 수 있는 기능입니다. 1

회성 다운로드도 가능하고, '배치 스케줄러'를 통해 주기적으로 데이터를 다운로드할 수도 있습니다. Data Lake 내의 '작업 데이터 영역(Dev)'으로 다운로드해야만 로컬 PC 환경이 아닌 서버 환경에서 데이터를 분석할 수 있습니다. 또한 '작업 데이터 영역(Dev)'은 앞선 '데이터 적재 Layer'에서 설명 시 언급했지만, 사용자별 영역과 프로젝트별/부서별 영역으로 구분되어 있어 작업을 수행할 영역을 선택하여 다운로드해야 합니다.

'대화식 쿼리' 서비스의 **타깃으로 데이터 전송** 기능은 사용자가 지정한 타깃 데이터베이스/적재소로 설정한 주기에 따라 데이터를 전송하는 기능입니다. 앞선 '데이터 제공 Layer'에서 언급했듯이 타깃 DB의 IP, 호스트 정보, 포트번호, 타깃 DB의 인터페이스(ODBC, JDBC 등) 정보, 타깃 DB 접속을 위한 ID, 패스워드 정보 등을 입력하면 해당 타깃 DB로 Data Lake에서 쿼리를 수행한 결과 데이터를 전송합니다. '데이터 다운로드' 기능과 같이 '배치 스케줄러'를 통해 주기적으로 데이터를 전송할 수도 있습니다. 주로 업무 애플리케이션이나, 데이터 분석 도구에서 데이터 활용을 위한 용도로 주로 활용합니다.

'대화식 쿼리' 서비스의 **배치 스케줄러** 기능은 위의 '데이터 다운로드' 기능과 '타깃으로 데이터 전송' 기능에서 설정한 주기에 따라 해당 Job을 실행시키는 기능을 합니다. '타깃으로 데이터 전송'의 예를 들면, 사용자가 설정한 초/분/시간/일 단위에 따라 Data Lake 내에서 해당 쿼리를 실행하고, 쿼리 결과 데이터를 타깃 DB로 접속하여 전송합니다. 이 '배치 스케줄러'는 'Job Scheduler'로 불리기도 합니다.

'대화식 쿼리' 서비스의 **Data API** 기능은 사용자가 작성한 쿼리를 REST API 형태로 생성하는 기능을 의미합니다. REST API로 생성하면, 외부 애플리케이션에서 해당 API를 호출하여 결과 데이터를 확보할 수 있습니다. 쿼리를 REST API로 생성한다는 의미는 쿼리 실행을 위해 외부에서 웹(HTTP)으로 호출할 수 있는 주소(URL)를 제공한다는 의미입니다. 따라서 이 주소를 외부 애플리케이션에서 웹(HTTP)을 통해 실행하면 'API Gateway'에서 이를 쿼리문으로 전환하여 Data Lake에 요청하고 Data

Lake는 처리 결과를 다시 'API Gateway'에 보내면, 'API Gateway'는 애플리케이션에 JSON 형태로 결과 데이터를 제공합니다. ('그림 41. RESTful API' 참조) 이 Data API는 쿼리를 모르더라도 필요한 데이터를 확보할 수 있으므로 사용자에게는 데이터 확보를 위한 매우 유용한 도구입니다. 이 Data API를 생성한 후에는 다른 사용자와 공유를 위해 Data Catalog로 배포하는 기능을 갖추어야 합니다. Data Catalog 배포를 위해 필요한 비즈니스 메타데이터를 입력하면, 내부적으로 쿼리 오류 체크, 데이터 품질, 보안 점검을 거쳐 '데이터 객체'로 생성합니다. Data Catalog에 배포 이후에는 다른 사용자들이 Data Catalog에서 해당 Data API를 검색하고, 조회하고, 이용할 수 있게 됩니다.

▌4) 타 서비스 연계

'타 서비스 연계' 서비스는 Data Catalog의 '데이터 객체'에 대한 Context 이해 후, 데이터 쿼리나 전처리, 혹은 분석을 위한 애플리케이션 혹은 도구로 연계하는 서비스를 의미합니다. (다음 '그림 60. Data Catalog와 타 서비스 간 연계' 참조)

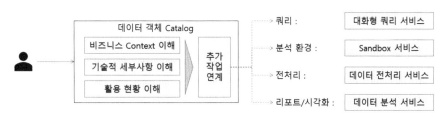

그림 60. Data Catalog와 타 서비스 간 연계

그림과 같이 '데이터 객체'에 대한 Context 이해 후에는 실제 데이터 조회를 위해 쿼리를 할 수도 있고, 해당 데이터를 사용자 Sandbox 환경에서 분석하려고 할 수도 있습니다. 또한 데이터의 프로파일링/정제/가공/병합 등 전처리를 하고자 할 수도 있고, 리포트나 시각화 대시보드 생성 등을 위한 데이터 분석을 할 수도 있을 것입니

다. 이러한 서비스 간의 매끄러운(Seamless) 연계는 사용자의 입장에서는 대단히 중요합니다. 그렇지 않다면 별도로 모든 서비스를 접속해야 하고, 연계를 통해 자동으로 처리할 수 있는 일을 수작업으로 입력하게 되므로 사용자의 불편을 초래합니다. 전체 서비스가 마치 하나의 'Data Lake 플랫폼'인 것같이 동작할 때 사용자가 느끼는 품질의 완성도는 높아집니다.

먼저 실제 데이터 쿼리를 위한 **'대화식 쿼리' 서비스로의 연계**는 '데이터 객체' Data Catalog 페이지에서 사용자가 추가 작업 목록 중 '쿼리 작업'을 선택하면, '대화식 쿼리' 서비스로 전환되면서 해당 '데이터 객체'에 대한 SQL문이 자동으로 작성되어야 합니다. 또는 '데이터 객체' Data Catalog 페이지의 활용 현황 중, 쿼리 목록에서 쿼리에 대한 실행 작업을 선택하면, 마찬가지로 '대화식 쿼리' 서비스로 전환되면서 해당 쿼리문이 자동으로 작성되어야 합니다. 또한 '대화식 쿼리' 서비스 내에서도 테이블, 컬럼 등 데이터 객체 선택 시 Data Catalog 페이지의 정보를 자동으로 조회할 수 있도록 하는 것이 중요합니다. 그렇지 않으면 쿼리를 작성하면서 '데이터 객체'에 대한 이해 필요 시, 다시 Data Catalog 페이지로 전환하여 해당 데이터 객체를 검색하고 조회해야 하는 번거로움이 발생하기 때문입니다. 또한 앞선 '3) 데이터 확보' 챕터에서 설명하였듯이 '대화식 쿼리' 서비스에서 작성한 쿼리, Data API에 대해 Data Catalog로 배포하는 기능이 있어야 합니다. Data Catalog로 배포해야만 다른 사용자들이 해당 쿼리, Data API를 검색하고 활용할 수 있기 때문입니다.

사용자 Sandbox 서비스로의 연계는 '데이터 객체'의 Data Catalog 페이지에서 사용자가 추가 작업 목록 중 '사용자 Sandbox'를 선택하면, 사용자가 생성한 Sandbox 분석 환경으로 전환되면서, 해당 데이터는 Data Lake의 '작업 데이터 영역(Dev)'으로 다운로드하도록 구성해야 합니다. 사용자는 Sandbox 환경에서 '작업 데이터 영역'으로 내려 받은 데이터에 대해 Python, PySpark 등의 데이터 분석 프로그래밍 언어를 활용하여 분석이 가능하도록 합니다. 사용자 Sandbox에서 데이터를 분석한 결과는 다시 '지식(Article)' 형태로 Data Catalog에 배포하여 다른 사용자와 공유할 수 있도록 하며, 결과 데이터 역시 Data Catalog에 배포할 수 있게 하되, '사용자 데이터'라는 별도 카테고리에 배포하도록 하여 원본 데이터와 구분할 수 있도록 해야 합니다. (다음 '그림 61. 사용자 Sandbox와 Data Catalog 간 연계' 참조)

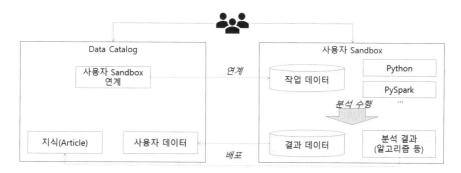

그림 61. 사용자 Sandbox와 Data Catalog 간 연계

데이터 전처리 서비스로의 연계는 '데이터 객체'의 Data Catalog 페이지에서 사용자가 추가 작업 목록 중 '데이터 전처리'를 선택하면, 해당 데이터는 Data Lake의 '작업 데이터 영역(Dev)'으로 다운로드하고, 데이터 전처리 도구가 실행되면서 다운로드한 데이터를 자동으로 해당 도구에서 불러와 조회할 수 있도록 구성해야 합니다. 그런 후에 전처리 도구의 기능, 즉 데이터를 프로파일링하고, 정제하고, 병합하는 등의 기능을 활용하여 데이터를 가공합니다. 가공한 결과 데이터는 다른 사용자와의 공유를 위해 Data Catalog로 배포할 수 있으며, '사용자 Sandbox'의 경우와 마찬가지로 Data Catalog에 배포한 데이터는 '사용자 데이터'라는 카테고리로 하여 원본 데이터와 구분할 수 있게 해야 합니다. (다음 '그림 62. 데이터 전처리 도구와 Data Catalog 간 연계' 참조) Data Catalog 배포와 동시에 해당 데이터는 Data Lake의 '작업 데이터 영역(Dev)'에서 'Ops 서비스 Zone'의 '가공 데이터 영역'으로 이동(복사)합니다.

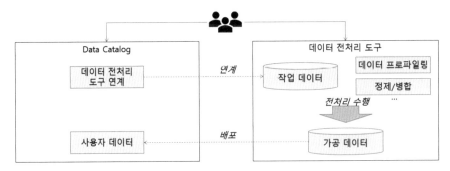

그림 62. 데이터 전처리 도구와 Data Catalog 간 연계

데이터 전처리 도구는 'Data Preparation Tool'이라는 명칭으로 Trifacta, Paxata, Tamr 등의 상용 솔루션이 주로 활용되고 있으며, 현재 시점에서 무료 오픈 소스 도구는 찾기 어려운 상황이니 도입 시 검토가 필요해 보입니다. 이 데이터 전처리 도구는 내부의 여러 기능들의 난이도가 높아 개발하는 것보다는 상용 솔루션을 구매하여 Data Catalog와 연계하는 것이 바람직해 보입니다.

데이터 분석 서비스로의 연계는 '데이터 객체'의 Data Catalog 페이지에서 사용자가 추가 작업 목록 중 '데이터 분석'을 선택하면, 해당 데이터는 Data Lake의 '작업 데이터 영역(Dev)'으로 다운로드하고, 데이터 분석 도구가 실행되면서 다운로드한 데이터를 자동으로 해당 도구에서 불러와 조회할 수 있도록 구성해야 합니다. (데이터 전처리 서비스 연계와 동일한 구조입니다.) 그 후에는 데이터 분석 도구에서 제공하는 리포팅 기능, 시각화 대시보드 기능 등을 이용하여 데이터를 분석합니다. 분석한 결과물인 리포트, 대시보드 등은 다른 사용자와의 공유를 위해 Data Catalog에 배포할 수 있으며, '데이터 객체' 종류 중 각각 '리포트', '대시보드' 영역으로 배포합니다. (다음 '그림 63. 데이터 분석 도구와 Data Catalog 간 연계' 참조)

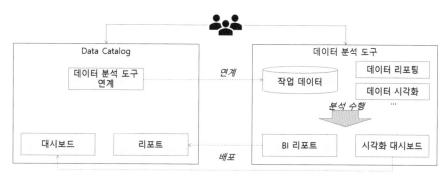

그림 63. 데이터 분석 도구와 Data Catalog 간 연계

데이터 BI/대시보드 도구는 최근에 여러 무료 오픈 소스 기반의 도구가 등장하고 있으나, 일반 사용자들이 선호하는 도구들은 대부분 상용 솔루션에 의존하고 있습니다. 대표적인 상용 솔루션으로는 Tableau, Crystal Reports, QlikView, MicroStrategy 등이 있습니다. 사용자들의 선호에 따라 솔루션을 선택하되, 솔루션의 Data Catalog 연계(API) 기능 보유 여부를 반드시 확인 후 선정해야 합니다.

이와 같이 '데이터 서비스 Layer'는 Data Catalog를 중심으로 구현되어야 하고, 다른 서비스와 원활하게 연계할 수 있도록 구성하여, 사용자들의 편의성을 최대화하고, 'Data Lake 플랫폼'의 완성도를 높이도록 구성되어야 합니다. 이를 통해 Data Lake의 활용도 증가로 이어지고, 사용자들의 데이터 관련 업무의 개선과 생산성 향상을 가져올 수 있습니다. 이는 결국 구성원들의 전반적인 업무 퍼포먼스 향상으로 이어지고, 기업의 경영 성과로 나타날 수 있을 것입니다.

8. Data Catalog 솔루션

Data Catalog 솔루션은 오픈 소스 기반의 솔루션도 일부 있으나, 그 기능과 품질이 아직 시장에서 검증되지 못했습니다. 대부분은 상용 솔루션으로 대표적으로는 관계형 데이터베이스 중심의 기능으로 구성된 Alation Data Catalog(최근에는 Hadoop 등

파일시스템 수용 기능 추가 중), Hadoop 중심의 기능으로 구성된 Waterline Data가 있으며, Cloud 기반 솔루션으로 AWS Glue, Azure Data Catalog 등이 있습니다. (다음 '그림 64. Data Catalog 솔루션 간 비교' 참조)

		Alation	Waterline Data	AWS Glue
특징		• RDB 중심으로 구현 • 다양한 데이터 객체 제공	• HDFS 중심으로 구현 • 데이터 프로파일링 제공	• 개발자를 타겟으로 구현 • ETL 기반 데이터 이동 제공
기능	데이터 검색	• 강력한 키워드 검색 성능 • 체계적 기술적 분류 검색	• 다양한 검색 조건 제공 • 태그 기반 비즈 분류 체계	• 비즈 용어 기반 키워드 검색 기능 부재
	데이터 이해	• 비즈니스 Context 이해 강화 • 사용자 간 소통 강화	• 데이터 프로파일링 등 기술적 세부사항 중심	• 비즈니스 Context 이해 부재 • 기술적 상세 위주 제공
	데이터 확보	• 대화식 쿼리 서비스 강화 • 쿼리 기반 데이터 다운로드	• 타겟으로 데이터 전송 제공 • 별도 쿼리 서비스 부재	• ETL 기반의 강력한 데이터 이동 서비스 (AWS 내)
	타 서비스 연계	• BI/시각화 도구와 연계로 Catalog에서 검색 가능	• 데이터 전처리/분석 도구와 연계 제공	• 별도 타 서비스 연계 부재
UI 사용성		• 세련된 UI와 편의성 제공, 일반 사용자에 적합	• UI 편의성보다는 기능 중심, 고급 분석가에 적합	• UI 편의성보다는 개발자 위주의 기능 제공

그림 64. Data Catalog 솔루션 간 비교

Alation Data Catalog는 다양한 '데이터 객체'에 대한 서비스를 제공하고, 비즈니스 용어 검색과 데이터 Context 이해 기능이 우수하며, '대화식 쿼리' 서비스까지 포함되어 있어, 가장 다양한 기능과 함께 UI/UX 편의성 또한 높아 **일반 사용자에 적합한 솔루션**입니다. Data Lake 역시 전사의 일반 사용자를 타깃으로 하고 있으므로, Data Lake에 가장 적합한 솔루션이라고 볼 수 있습니다. 또한 사용자 가공 데이터 유형에 대한 Catalog화가 적극적으로 이루어지고, 각종 데이터 전처리/분석 도구와의 Tight 한 연계가 이루어져, 'Data Portal'을 지향하고 있어 미래 Data Catalog 방향성을 가장 잘 수용할 수 있을 것으로 보입니다.

반면 **Waterline Data**는 기술적 세부사항 정보 중심으로 제공하고, Hadoop과 같은 파일시스템을 중심으로 구현되어 있어 **고급 분석가에 적합한 솔루션**입니다. 데이터 프로파일링 기능이 포함되어 데이터 품질에 대한 이해가 용이하나, UI/UX의 편의성 보다는 기능 중심으로 구성되어 있어 일반 사용자에게는 일부 불편함을 느낄 수 있습니다. 또한 데이터 전처리/분석 도구로부터의 사용자 가공 데이터 유형에 대한 연계 수용이 기능이 부족하고, 쿼리, API와 같은 사용자 가공 '데이터 객체'는 서비스하지 못하고 있습니다.

AWS Glue는 AWS 내의 저장소의 데이터를 찾고 AWS 저장소 간 데이터를 이동 (ETL)시키는 기능 중심으로 구성되어 있어 **개발자에 적합한 솔루션**입니다. 비즈니스 Context 이해 기능이 다소 부족하고, '전사 데이터 포털'로서의 방향성보다는 '데이터 이동 도구'로서의 방향성을 지향하고 있는 것으로 보입니다. AWS Cloud로 Data Lake를 구축한 기업이라면 유용하게 활용할 수 있을지 모르나, 이 경우에도 전사 Data Catalog로서의 역할은 하기 어려울 것으로 보입니다.

종합한다면 본 책에서 제시하는 **'전사 Data Lake 플랫폼'**으로의 방향성과 가장 일치하는 솔루션은 **Alation Data Catalog**로 볼 수 있으며, **'빅데이터 중심의 Data Catalog'**로의 방향성을 지향한다면 **Waterline Data Catalog**가 가장 적합할 것입니다. **'Cloud 기반의 Data Lake'**를 지향한다면 AWS Glue 혹은 Azure Data Catalog를 활용하되, 전사용 Data Catalog는 별도로 구성이 필요해 보입니다.

이 외에도 다양한 Data Catalog 솔루션이 있으며, 각 솔루션의 기능, 서비스, UI/UX 등 지향점과 타깃 사용자를 비교 분석 후 각 기업이 지향하는 Data Lake의 방향성과 일치하는 솔루션을 선정해야 할 것입니다.

제4장

Data Lake를
잘 활용하기 위한
방안은 무엇인가?

Data Lake에 어떠한 다양한 기능을 구축한다고 하더라도, 또한 어떠한 많은 데이터를 축적한다고 하더라도, 사용자들이 Data Lake의 데이터를 잘 활용하지 않는다면 'Data Lake 플랫폼'은 결국 실패한 프로젝트가 될 것입니다. 앞서 '0. 제2장. Data Lake란 무엇인가?'에서 언급했듯이 Data Lake는 결국 기존의 '데이터 웨어하우스'를 대체하게 될 것입니다. 하지만 Data Lake를 구축하자마자 곧바로 '데이터 웨어하우스'를 폐기하기는 사실상 불가능합니다. '데이터 웨어하우스'에서 많이 활용하던 가공된 데이터들은 곧바로 Data Lake의 Raw Data로 대체할 수 없기 때문입니다. 사용자들이 Data Lake의 Raw Data를 활용하여 다양한 쿼리를 작성하고, Data API를 생성하고, Data Catalog와 연계된 BI/시각화 도구로 많은 리포트와 대시보드를 생성하여, Data Catalog 내에서 이를 검색하고 활용할 수 있을 때 비로소 '데이터 웨어하우스'의 역할은 점점 줄어들고 Data Lake의 역할이 점점 커질 것입니다. 그래서 사용자들이 '데이터 웨어하우스'보다는 Data Lake의 활용성의 편리함을 깨닫고, DW의 활용도가 낮아질 때, 결국 Data Lake가 DW를 대체할 수 있게 될 것입니다. 하지만 이렇게 되기까지는 사용자들의 활용 데이터가 축적되어야 하므로 상당한 시간이 소요될 것입니다. 이 시간을 좀 더 앞으로 당기기 위해서는 어떻게 해야 할까요? Data Lake의 활용을 활성화시키려면 어떠한 노력이 있어야 할까요? 제가 생각하는 몇 가지 방안을 제시해 보겠습니다.

1. Data Lake의 타깃을 일반 사용자로 할 것(UI/UX[21] 측면)

Data Lake가 타깃으로 하는 사용자는 Data Scientist, 즉 고급 분석가가 아닙니다. **Citizen 분석가라고 불리는 일반 사용자가 Data Lake가 타깃으로 하는 사용자**입니다. 일반 사용자는 통계 기법 등 데이터 분석에 대한 전문지식이 있는 것도 아니고, 원하는 데이터를 찾기 위한 쿼리(SQL)를 잘 작성하지도 못합니다. 또한 회사 내에 어떤 데이터가 어디에 있는지도 알지 못하며, 다른 부서의 직원들이 사용하는 회사의 용어에도 익숙하지 않고, 오직 자신이 담당하는 업무만 잘 알고 있을 뿐입니다. 그리고 어려운 IT 기술 용어에 익숙하지도 않습니다. 이 모든 것들이 익숙하지 않다고 가정하고 Data Lake 서비스를 구성해야 합니다. (다음 '그림 65. 일반 사용자를 타깃으로 할 때의 UI/UX 고려사항' 참조)

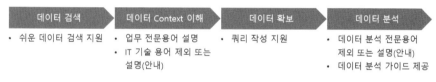

그림 65. 일반 사용자를 타깃으로 할 때의 UI/UX 고려사항

일반 사용자를 타깃으로 할 때 첫 번째 UI/UX 고려사항은 **데이터 검색을 쉽게 할 수 있도록 지원**하는 것입니다. 앞서 Data Catalog 구축 방안에서 설명했지만, 사용자는 자신의 회사 내에 어떤 데이터가 어디에 있는지 알지 못합니다. 사용자는 자신이 찾는 데이터의 데이터베이스명, 스키마명, 테이블명, 컬럼명이 무엇인지 알지 못하므로, 주변의 동료들에게 문의해서 관련 담당자를 찾아 문의해야만 하는 불편한 과정을 거쳐야 합니다. 따라서 사용자는 자신이 익숙한 업무 용어, 비즈니스 용

---

21 User Interface, User Experience의 약자로, 사용자의 IT 시스템 활용 시의 경험을 향상시키기 위한 방법을 의미.

어로 필요한 데이터를 찾을 수 있게 해야만 합니다. 이를 위해 어떤 기능이 필요한지는 이미 설명했으므로 생략하도록 하겠습니다. 또한 정확한 업무 용어조차 잘 모른다면 다양한 분류 체계를 통해 찾아볼 수 있도록 하는 것도 필요합니다. 그래서 사용자가 익숙한 비즈니스 분류 체계가 필요하며, IT 시스템이나 데이터에 익숙한 사용자를 위한 기술적 분류 체계도 제공해야 합니다. 이러한 데이터 검색 기능은 Data Catalog의 가장 핵심적인 기능이므로 세심한 주의를 기울여 설계해야 할 것입니다.

일반 사용자를 타깃으로 할 때 두 번째 UI/UX 고려사항은 **업무 전문용어에 대해 설명**해 주는 것입니다. 사용자는 본인의 업무 분야에 대한 용어 위주로 이해할 뿐, 본인 업무 이외의 다른 부서의 업무에 대한 용어는 이해하지 못하는 것이 당연합니다. 따라서 Data Catalog 페이지의 비즈니스 Context 이해를 위한 '설명'란에 비즈니스 용어가 있을 경우는 반드시 링크를 걸어, '비즈니스 용어 사전'으로 연결할 수 있도록 해야 합니다. '데이터 Steward'가 '설명'란에 '데이터 객체'에 대한 설명을 입력하면, 텍스트를 파싱하여 비즈니스 용어를 포함하고 있는지 체크하고, 비즈니스 용어가 있을 경우 자동으로 '비즈니스 용어 사전'으로의 링크를 생성합니다. 그렇게 함으로써 사용자는 Data Catalog 페이지의 '설명'란에 어려운 비즈니스 용어가 포함되어 있더라도, 링크를 클릭함으로써 '비즈니스 용어 사전'의 내용을 참조할 수 있을 것입니다. (다음 '그림 66. Data Catalog와 비즈니스 용어 사전 간의 연계' 참조)

그림 66. Data Catalog와 비즈니스 용어 사전 간의 연계

따라서 Data Catalog 페이지는 이렇게 '설명'란에 텍스트 파싱 기능, 자동 링크 생

성 기능을 갖추어야 하고, 단순 텍스트만 입력할 수 있는 것이 아닌, 링크, 파일 첨부 등의 다양한 기능을 갖춘 에디터가 필요할 것입니다.

일반 사용자를 타깃으로 할 때 세 번째 UI/UX 고려사항은 **IT/데이터 기술 전문용어에 대해 좀 더 쉬운 비즈니스 용어로 전환하거나 안내**하는 것입니다. 기업의 일반 사용자는 대부분 IT 기술, 데이터 기술에 대한 전문지식이 없습니다. 이들이 Data Catalog 페이지에서 전문적인 기술 용어를 접한다면, 더 이상 조회하려고 하지 않고 다른 페이지로 이동해 버리려고 할 것입니다. 따라서 반드시 필요한 기술적인 내용만을 표현하되 쉬운 용어로 전달하고, 만약 사용자가 혼란스러워할 수 있는 용어가 포함되어 있을 경우에는 용어 옆에 도움을 의미하는 '(?)' 아이콘을 두어 해당 용어에 대한 설명을 반드시 해야 합니다. 예를 들어, 사용자가 Data Catalog 페이지의 기술 세부사항 조회 시, '테이블 ID' 혹은 '파티션'과 같은 용어가 있을 경우, 사용자는 이 '테이블 ID'와 '파티션'이 왜 필요한 것인지 어디에 활용할 수 있는지 전혀 알지 못합니다. 따라서 사용자의 활용에 도움이 되지 않는 정보일 경우에는 삭제하고, 사용자에게 꼭 필요한 정보일 경우에는 용어 옆에 설명 아이콘을 두어 아이콘 클릭 시 설명할 수 있도록 구성해야 합니다.

또한 Data Catalog 페이지의 '설명'란에 이러한 전문기술 용어가 포함될 경우에는 위의 비즈니스 용어와 마찬가지로 링크를 생성하여 'IT/데이터 기술 용어 사전'으로 연결할 수 있도록 해야 합니다. 예를 들어, '설명'란에…

"본 데이터는 회귀 분석과 교차 분석을 통해…"

라고 되어 있을 때, 일반적인 사용자는 '회귀 분석'이 무엇인지 '교차 분석'이 무엇을 의미하는 것인지 알 수 없기 때문에, '회귀 분석'과 '교차 분석'이라는 용어에 링크를 생성하여, 'IT/데이터 기술 용어 사전'으로 연결할 수 있도록 해야 합니다.

이와 같이 '용어 사전'은 '비즈니스 용어 사전'만 있는 것이 아니라, 'IT 기술 용어 사전', '데이터 기술 용어 사전'과 같이 여러 개의 사전을 만들 수 있도록 설계해야 하고, 각 '용어 사전' 내에는 '용어명, 설명, 작성자, 조회수, 관련 Data Catalog' 등의 항목들을 관리할 수 있도록 해야 합니다. 또 사용자들이 새로운 용어를 추가하거나 설명을 수정할 수 있도록 해야 합니다.

일반 사용자를 타깃으로 할 때 네 번째 UI/UX 고려사항은 **쿼리 작성을 지원**하여 데이터를 쉽게 확보하도록 하는 것입니다. 사용자는 보통 쿼리를 통해 자신이 원하는 데이터를 조회할 수 있습니다. 단일 테이블로 데이터를 조회하는 경우는 거의 없기 때문입니다. 따라서 사용자는 이러한 쿼리를 작성하는 방식에 대한 기본적인 지식을 갖추어야 하며, Data Catalog는 다른 사용자들이 작성한 쿼리를 쉽게 검색할 수 있도록, 또 이를 '대화식 쿼리' 서비스와 연계하여 조회할 수 있도록 해야 합니다. 그래서 Data Catalog 페이지의 활용 현황에 해당 '데이터 객체'를 이용하여 작성한 쿼리 목록, 실행 회수, 작성자 등을 조회할 수 있게 해야 하는 것입니다. (이전 챕터의 Data Catalog에서 상세하게 설명한 내용입니다.)

하지만 Data Catalog 검색을 통해 필요한 쿼리를 찾을 수 없을 시에는 사용자가 직접 쿼리를 작성할 수밖에는 없습니다. 일반 사용자들은 쿼리 작성 방법에 대한 전문 지식이 없기 때문에, 쿼리 작성 시에 좀 더 쉽게 작성할 수 있도록 지원을 할 필요가 있습니다. 쿼리를 작성하면서 해당 시점에 필요한 키워드를 추천해 주고, 테이블/컬럼을 목록 형태로 제공하여 입력을 지원해 주고, Join 대상 테이블을 추천(기존 쿼리 분석을 통해)해 주고, Data Catalog 페이지로 이동하지 않더라도, 데이터 Context 정보를 쿼리 다음에서 조회할 수 있는 등의 지원이 필요합니다. '대화식 쿼리' 서비스를 상용 솔루션으로 대체 시에는 해당 솔루션에서 이러한 지원 기능을 충분히 제공하는지 확인해야 합니다.

일반 사용자를 타깃으로 할 때 다섯 번째 UI/UX 고려사항은 **데이터 분석에 대한 가이드를 제공**하는 것입니다. 데이터 분석 도구를 활용하기 위한 가이드뿐만 아니라, 실제 업무 적용 사례에 기반한 Case별 데이터 분석 가이드를 제공해야 합니다.

이 분석 가이드는 두 가지 형태로 제공할 수 있습니다. (다음 '그림 67. 데이터 분석 가이드 제공 형태' 참조)

그림 67. 데이터 분석 가이드 제공 형태

첫 번째는 데이터 분석 결과물인 **'보고서'**, **'대시보드'를 통해 공유**하는 것입니다. 사용자들은 대부분 BI/시각화 도구를 통해 데이터를 분석합니다. 자주 사용하는 BI/시각화 도구는 앞선 Data Catalog 챕터에서 설명했듯이, Data Catalog와 연계함으로써, Data Lake의 데이터를 BI/시각화 도구에 제공하고, 분석 결과물을 다시 Data Catalog에 배포할 수 있게 해야 합니다. 그러면 다른 사용자는 이러한 분석 결과물인 '보고서' 또는 '대시보드'를 Data Catalog에서 검색할 수 있고, 해당 보고서/대시보드에서 활용한 쿼리 등을 참조하여 자신이 필요로 하는 보고서/대시보드를 손쉽게 작성할 수 있게 합니다. 이렇게 함으로써 자연스럽게 데이터 분석 결과물과 분석 가이드를 사용자 간에 공유할 수 있게 하는 것입니다.

두 번째는 데이터 분석에 대한 노하우를 **'지식(Article)'을 통해 공유**하는 것입니다. Data Scientist와 같은 고급 사용자들은 '사용자 Sandbox' 분석환경에서 R, Python과 같은 프로그래밍 언어를 활용하여 데이터를 분석하고, 분석 알고리즘을 개발합니다. 이런 경우에는 분석 결과물로만 공유하기에는 부족함이 있습니다. 따라서 Data Catalog에서 '지식(Article)'이라는 '데이터 객체'를 등록하여 분석 과정을 설명하고, 어떤 데이터를 활용하였는지도 설명하고, 관련 프로그램 소스도 공유하며, 결과 데이터까지 공유할 수 있습니다. 물론 이 과정에서 Data Catalog와 '사용자 Sandbox' 간에 연계가 이루어져야 합니다. (앞선 Data Catalog 챕터에서 설명) 이렇게 함으로써 사용자 간에 데이터 분석 노하우를 공유할 수 있게 합니다.

그리고 IT 서비스 개발을 책임지는 담당자들은 대부분 IT 기술, 자사의 전문 용어 (자사에 오래 근무한 사람일 가능성이 높으므로), 데이터 분석과 관련된 지식이 많은 경우가 대부분입니다. 따라서 이들이 자주 하는 실수 중 하나가 본인이 알고 있는 지식을 다른 사람들도 알고 있을 것이라고 생각하는 것입니다. 그래서 이러한 IT 전문가의 관점에서 서비스를 설계하고 구축하게 되어 일반 사용자는 그러한 UI/UX를 어려워하는 경우를 많이 목격하였습니다. 반드시 일반 사용자의 시선에서 Data Lake 서비스에 대한 조언을 해 줄 사람이 필요합니다. 시스템 개발 담당자를 대부분은 이러한 일반 사용자의 관점에서 보는 것을 어려워하므로, 비즈니스적 관점을 가진 비즈니스 애널리스트/컨설턴트나 사내에서 일반적인 업무(데이터 분석이나 IT 시스템 구축/운영 이외의 업무)를 담당하는 직원의 도움을 받아 이들의 관점에서 사용자의 UI/UX를 점검하고 검토해야 합니다. 그렇게 함으로써 일반 사용자의 시선에서 어렵지 않고 편의성이 높은 UI/UX를 개발할 수 있을 것입니다.

2. 기존 사용자들이 많이 활용하는 도구와 연계

기존에 데이터를 많이 활용하는 소위 '정보화 강도'가 높은 기업들은 이미 다양한 데이터 전처리/분석 도구들을 활용하고 있을 것입니다. 이러한 기존의 도구에 익숙한 사용자들에게 돌연 다른 데이터 전처리/분석 도구를 사용하라고 했을 때 이를 받아들이기는 쉽지 않을 것입니다. 따라서 이들을 Data Lake 사용자로 끌어들이기 위해서는 이러한 기존에 많이 활용되는 데이터 전처리/분석 도구들을 Data Catalog와 밀접한 연계가 이루어지도록 하여, Data Catalog를 통했을 때 자신이 사용하는 도구를 훨씬 더 편리하게 이용할 수 있음을 느끼게 하도록 해야 합니다. (다음 '그림 68. Data Catalog와 다양한 도구와의 연계' 참조)

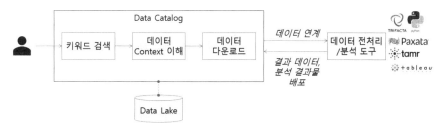

그림 68. Data Catalog와 다양한 도구와의 연계

그림과 같이 Data Catalog에서 필요한 데이터를 검색, 이해하고, 해당 데이터를 곧바로 사용자가 원하는 데이터 전처리/분석 도구로 연계할 수 있으며, 데이터를 전처리/분석한 후 결과 데이터와 분석 결과물을 다시 Data Catalog에 배포함으로써, 다른 사용자와 손쉽게 공유할 수 있습니다.

만약 Data Catalog를 통하지 않을 경우, 기존과 같이 수작업으로 데이터를 찾고, 추출, 취합하여, 로컬 PC에서 분석 작업해야 하고, 분석 결과도 공유하기 어려울 것입니다. 결국 기존 방식은 더욱 많은 시간과 노력이 소요될 뿐만 아니라, 자신의 노력의 결과물을 다른 사용자와 공유하기도 어렵게 되는 것입니다.

만약 해당 사용자가 프로젝트를 수행 중이라면 프로젝트 구성원들과 빠르게 결과물을 공유하고 서로 협업해야 할 것이지만, 기존 방식은 이러한 공유/협업에 적합하지 않을 것입니다. 또한 다른 부서의 사용자가 우연히 비슷한 업무를 하고 있었다면, (실제로 회사 내에서 이러한 경우를 쉽게 목격할 수 있습니다.) Data Catalog에 공유된 유사한 분석 결과물을 쉽게 찾을 수 있을 것이고, 결국 이 사용자의 업무는 매우 신속하게 진행되고 성과를 낼 수 있을 것입니다.

즉 이러한 Data Catalog를 통한 분석 결과물/데이터의 공유는 회사 전체의 생산성에 기여하게 되는 것입니다. 그래서 Data Lake 프로젝트 추진 시, 이러한 데이터 전처리/분석 도구를 Data Catalog와 연계하여 활용함으로써 얻을 수 있는 이점을 사용자들에게 부각할 필요가 있습니다. 실제 회사의 업무 수행 시의 구체적인 사례를 중심으로 Data Catalog와의 연계 전/후의 차이점을 강조하여 사용자들과 커뮤니케이선한다면 Data Lake의 활용도는 틀림없이 향상될 수 있을 것입니다.

3. 데이터 큐레이션의 우선순위화

앞서 언급했듯이 기업에는 수많은 데이터가 있으며(회사 내 통상 수백만 개 이상의 '데이터 객체'가 존재), 이를 모두 Data Lake에 적재하기도 어렵고, 적재한다고 하더라도 큐레이션, 즉 비즈니스 메타데이터를 등록/관리하고, 사용자들의 문의사항에 응답하고, 데이터 정합성을 관리하는 등 Data Catalog를 통해 서비스하는 작업을 하기도 쉽지 않습니다. 따라서 어떤 데이터부터 우선적으로 큐레이션할 것인지 우선순위화하는 작업이 필요할 것입니다.

당연한 얘기일 수도 있지만 '사용자의 데이터 활용도'를 기준으로 하는 것이 중요할 것입니다. 일차적으로 사용자들의 활용도가 가장 높을 것으로 예상되는 데이터부터 우선 적재하여 큐레이션(Catalog화 서비스)하는 것입니다. 이러한 사용자의 활용도를 파악하기 위한 가장 좋은 시스템은 바로 '데이터 웨어하우스'일 것입니다. 이 '데이터 웨어하우스'는 전사의 IT 시스템의 데이터가 모이고 활용되는 곳이므로, 이 곳에서 어떤 데이터가 최근에 가장 많이 활용되는지 알 수 있다면 전사 데이터 활용의 트렌드를 손쉽게 파악할 수 있습니다. 따라서 최근에 활용도가 높은 순으로 테이블을 선정하고, 이 테이블의 Raw Data가 어떤 원천 시스템의 테이블인지 추적하여 이 Raw Data를 보유한 테이블을 Data Lake에 적재하는 것입니다. 이런 방식으로 '데이터 Steward'의 여력이 되는 한도 내에서 지속적으로 대상 데이터를 확대해 나간다면 사용자의 Data Lake 활용도를 높일 수 있을 것입니다. (다음 '그림 69. 데이터 큐레이션 절차' 참조)

그림 69. 데이터 큐레이션 절차

원천 시스템의 Raw Data를 Data Lake에 적재한 이후, 해당 Raw Data의 원천 시스템 담당자를 '데이터 오너'로 지정하고, '데이터 웨어하우스'의 해당 데이터 담당자를 '데이터 Steward'로 지정합니다. 이 '데이터 오너'와 '데이터 Steward'가 주체가 되어 Data Catalog 큐레이션 작업을 수행해 나가야 합니다. '데이터 Steward'가 큐레이션 책임자가 되어 추진하되, 업무적 지원이 필요한 경우(예를 들어, 비즈니스 Context 정보 입력 등)는 '데이터 오너'에게 요청하고, Data Lake에 대한 기술적 지원이 필요하면, 'Data Lake 추진팀'의 Data Catalog 담당자에게 요청해야 합니다. (다음 '그림 70. 데이터 큐레이션 수행 방안' 참조)

그림 70. 데이터 큐레이션 수행 방안

'데이터 Steward'는 이러한 큐레이션해야 할 대상 '데이터 객체'가 1인당 수백~수천 개에 달할 수 있으므로, 수작업으로 이를 모두 처리하기는 불가능할 것입니다. 따라서 Data Catalog는 반드시 '데이터 Steward'의 큐레이션을 지원하기 위한 기능을 제공해야 합니다. 예를 들어, 데이터 Context 입력 시에는 제목, 태그, 데이터 리니지와 같은 정보를 시스템에서 과거 데이터를 기반으로 자동으로 추천하는 기능이 필요합니다. 즉 과거의 '데이터 객체'의 물리명, 제목, 태그, 설명, 데이터 오너, 데이터 Steward, 데이터 리니지를 참고하여 해당 '데이터 객체'의 제목, 태그, 데이터 리니지 등의 정보를 추론하여 제공하는 것입니다. '데이터 Steward'는 이러한 추천 정보를 확인 또는 수정하여 시스템에 피드백을 제공함으로써, 갈수록 높은 정확도를 가진 추천 정보를 제공할 수 있을 것입니다. 또한 '데이터 프로파일링' 정보를 상세히 제공함으로써 '데이터 Steward'의 데이터 품질 점검 활동을 지원하는 등의 기능이 필요합니다.

이렇게 '데이터 Steward'는 Data Catalog의 '데이터 객체'를 큐레이션하여 사용자에게 서비스함으로써, 사용자에게 지속적으로 유용하면서도 정확한, 고품질의 정보를 제공해야 합니다. 이를 통해 사용자는 Data Lake 플랫폼으로부터 업무에 유용한 정보를 얻을 수 있고, 지속적으로 활용하게 될 것입니다.

4. 게임화(Gamification)의 도입

Data Lake의 활성화를 위한 또 하나의 방법은 **'게임화(Gamification)'**, 즉 게임의 요소를 도입하는 것입니다. 게임화는 최근에 이미 여러 분야에서 활용되고 있다시피, 한마디로 **'가시성(Visibility)'**을 부여하는 작업이라고 볼 수 있습니다. 사용자가 Data Lake를 활용하는 활동을 모두 기록하여 투명하게 공개하여 보여 주는 것입니다. 사용자가 Data Lake를 활용할 때마다 사용자에 점수가 부여되고, 이를 다른 사용자의 점수와 비교하게 하는 것입니다. 그렇게 했을 때 사용자들은 자신도 모르게 이 '활동 점수'를 올리기 위한 활동을 하고 있음을 알 수 있을 것입니다. 또한 사용자 간의 '활동 점수'를 비교할 수 있는 대시보드에서 자신이 차지하고 있는 순위를 보았을 때 이를 높이기 위한 활동을 하게 됩니다. (팀장이나 부문장이 시키지도 않았는데도 불구하고 합니다!) 이게 바로 게임화의 효과라고 할 수 있습니다. 구체적으로 몇 가지 예시를 들어 보겠습니다. (다음 '그림 71. Data Lake 게임화 도입 예시 - 개인별 대시보드' 참조)

김호수 님의 Data Lake 활용 대시보드

현재 스코어 : **282** 점, 전체 사용자 순위 : **9** 위

데이터 검색	Catalog 조회	쿼리 수행	데이터 다운로드
_350_ 건	_301_ 건	_512_ 건	_75_ 건

Data API 활용	Catalog 등록	Catalog 큐레이션	...
_759_ 건	_3_ 건	_14_ 건	

그림 71. Data Lake 게임화 도입 예시 - 개인별 대시보드

위의 그림은 개인별로 생성되는 '**Data Lake 활용 대시보드**'를 예시적으로 구성해 본 것입니다. 처음에 사용자가 Data Catalog에 접속 시 'Data Lake 활용 대시보드'가 나타납니다. 현재 Data Lake 활용 전체 스코어는 ○○○점이고, 전체 Data Lake 사용자 중에는 ○○위에 해당하는 점수입니다. 그리고 지난 1년간 데이터 검색은 ○ 건 하였고, Data Catalog는 ○건을 조회하였으며, 쿼리는 ○건을 실행하였고, 데이터 는 ○건을 다운로드하였습니다. 또한 Data API는 ○건을 활용하였고, Data Catalog 에 ○건의 '데이터 객체'를 등록하였으며, Data Catalog 큐레이션(Data Catalog 페이지 수정, 사용자 리뷰 등)에 참여한 회수는 ○건입니다. 이와 같이 사용자가 Data Catalog 에서 수행한 모든 활동을 수치화하여 제공합니다. 이를 위해서는 모든 사용자의 활동에 대한 로그를 남겨야 할 것입니다. 이를 통해 개인들은 본인이 인지하지 못하는 사이에 자극을 받고, 스코어를 높이기 위한 활동을 하게 됩니다. 이것이 기본적인 '게임화'의 본질입니다.

추가적으로 1년에 한 번씩 최고 순위를 차지한 사용자와 부서에 금/은/동 메달을 소정의 상금과 함께 CEO가 직접 수여하게 한다면 전사적인 Data Lake에 대한 인지 도가 더욱 향상될 것입니다. 또한 회사가 Data Lake의 활성화를 위해 얼마나 신경을 쓰고 있는지 사용자들이 인지할 수 있을 것입니다.

또한 개인별 대시보드뿐만 아니라 전사의 'Data Lake 활용 대시보드'를 구성할 수 도 있습니다. (다음 '그림 72. Data Lake 게임화 도입 예시 - 전사 대시보드' 참조)

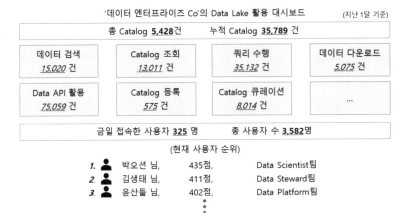

그림 72. Data Lake 게임화 도입 예시 – 전사 대시보드

그림과 같이 '데이터 엔터프라이즈 Co'에서 지난 1달간 등록된 Data Catalog의 '데이터 객체'의 총 개수는 ○건이고, 누적으로는 총 ○건이 등록되었습니다. 지난 1달간 데이터 검색은 ○건, … Data Catalog 큐레이션은 ○건과 같이 전사적 관점에서 Data Lake의 데이터가 얼마나 많이 활용되고 있는지 전반적인 현황이 나타납니다. 그리고 하단에는 금일 접속한 사용자 수는 총 ○명이고, 현재 Data Lake의 총 사용자 수는 ○명이라는 사용자 수에 대한 현황이 나타납니다. 하단에는 Data Lake의 활용 스코어 기준으로 전체 사용자의 순위를 표시합니다. 사용자의 순위, 이름, 스코어, 부서가 나타납니다.

이 전사/개인별 대시보드는 사용자가 언제든 접근할 수 있도록 Data Catalog 화면의 우측 상단에 고정되어 접근할 수 있게 하는 것이 좋습니다. 사용자는 이 전사 대시보드에 접근하여 Data Lake에 얼마나 많은 Data Catalog가 있고, 얼마나 많이 활용되고 있는지를 한 눈에 파악할 수 있습니다. 또한 사용자 스코어 기준 순위를 보면서 어떤 부서가 누가 데이터를 많이 활용하고 있는지를 알 수 있습니다. 만약 부서장, 경영진이 이 대시보드를 본다면, 그리고 사용자들이 이를 알고 있다면, 아마도 이 점수와 순위를 높이기 위한 활동이 더욱 가속화될 것입니다.

5. 빅데이터 과제와 연계 추진

대부분의 대기업과 데이터를 많이 활용하는 '정보화 강도'가 높은 기업은 아마 빅데이터 프로젝트를 진행하고 있거나 이미 진행하여 그 가시적 성과를 거두고 있는 기업들도 더러 있을 것입니다. 그리고 데이터 분석과 통계 전문가 집단인 Data Scientist도 고용하여 이미 별도 부서로 두고 있는 곳도 있을 것입니다. 이 Data Science 부서는 빅데이터의 가장 중요한 핵심 사용자 그룹입니다. 이미 기업 내 여러 부서에서 빅데이터를 어떻게 업무에 활용할 것인지 고민하고, 업무에 적용하여 어떤 효과를 내겠다는 계획을 검토하고 가지고 있을 것입니다.

따라서 이들 개별 부서의 빅데이터 추진 계획을 Data Lake과 연계하여 추진하기 위해서는, 그들이 빅데이터 분석을 위해 필요로 하는 데이터를 수집하고, 수집한 '데이터 객체'를 큐레이션하여 Data Catalog에 등록하고, 필요한 데이터 분석 도구와 연계하는 등의 지원을 해야 합니다. 그래서 Data Scientist가 Data Lake를 통해 필요한 데이터를 찾고, 데이터 Context를 이해하고, 다운로드하여 분석하게 함과 동시에 그 분석 결과물을 다시 Data Catalog에 보고서, 대시보드, 지식(Article) 형태로 배포하고, 결과 데이터도 Data Lake에 배포할 수 있도록 해야 합니다. (다음 '그림 73. Data Scientist의 Data Lake 활용' 참조)

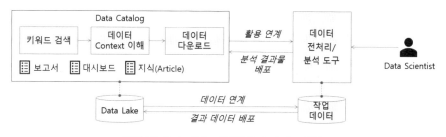

그림 73. Data Scientist의 Data Lake 활용

즉 이들 빅데이터 사업을 추진하는 부서와 가장 우선적으로 협의하여 그들의 요

구사항을 인지하고, 그러한 요구사항들이 Data Lake에 반영될 수 있도록 해야 합니다. 또한 Data Lake의 개념과 작동 원리, 기능, 제공 서비스에 대한 상세한 내용을 전달하고, 피드백을 받고, 때로 교육도 해야 합니다. 즉 Data Scientist가 Data Lake의 가장 주도적인 사용자로서 리딩하는 듯한 느낌을 전체 사용자에게 전달해야 합니다.

그래서 이러한 Data Scientist의 중요한 분석 결과물과 데이터는 전체 사용자에게 공지하여 일반 사용자들도 이러한 빅데이터의 활용에 흥미를 가지게 하고, 활용을 독려하며, 본인들의 업무에 그러한 시도를 해 보도록 하는 것이 목적입니다. 그리하여 전사의 구성원이 각자의 업무 분야에서 빅데이터를 활용하여 업무를 개선/혁신하는 것이 궁극적인 목표입니다.

기존에는 빅데이터를 현업의 업무에 적용하여 개선하고 때로 혁신하는 것이 Data Scientist만의 성과였지만, 이제는 이를 가속화하도록 지원한 Data Lake와의 공동 성과가 되는 것입니다. 물론 Data Science, Data Lake 부서가 서로의 성과를 주장하는 과정에서 부서 간 이기주의가 작동할 수는 있으나, 이는 경영진이 잘 협업할 수 있도록 독려하고, 공동의 과제라는 것을 인지시키고, 협업에 대한 인센티브를 부여하여 극복해야 할 것입니다. 또한 Data Lake 사업 예산 확보 과정에서도 가장 큰 업무 성과로써, Data Science의 빅데이터 활용 과제의 성공적 추진을 전면에 내세우면서 투자 대비 효과를 입증해야만, 추후 Data Lake 사업 추진에 탄력을 받을 수 있습니다.

6. 전사적 전환(Transformation) 프로그램

앞서 여러 번 언급했지만 다시 한번 강조하자면 Data Lake는 '전사적 전환(Transformation) 프로그램'입니다. (다음 '그림 74. Data Lake가 지향하는 전사적 전환 프로그램' 참조)

그림 74. Data Lake가 지향하는 전사적 전환 프로그램

그 이유는 그림에서 보는 것처럼 첫 번째, **전사의 사용자를 대상**으로 합니다. Data Lake는 빅데이터를 잘 활용할 수 있는 '고급 사용자', 즉 'Data Scientist'만을 대상으로 하지 않습니다. 기존에 데이터를 수작업으로 수집하고, 취합하고, 정제하여 활용하던 사용자, 필요한 데이터를 찾고 싶으나 어디에서부터 어떻게 찾아야 할지 적절한 방법이 없어서 고민하던 사용자, 데이터에 대한 의미(배경지식)를 몰라 어떻게 활용해야 할지 모르는 사용자, 데이터를 활용하고 싶으나 쿼리(SQL)하는 방법을 잘 모르고, 분석 도구에 대한 지식도 부족해 어려워하는 사용자, 데이터 활용과 적용은 자신의 업무와는 무관하다고 생각하는 사용자, 신규로 입사하여 전사에 어떤 데이터가 어디에 있는지 알고 싶은 사용자 등 다양한 유형의 사용자들을 모두 포함합니다. 따라서 Data Lake의 구축 전략은 모두 이러한 일반 사용자들의 관점에 초점이 맞춰져 있습니다. 이들 일반 사용자들을 어떻게 Data Lake의 활성 사용자로 끌어들일 수 있는지가 사업 성공의 관건입니다.

두 번째, 사용자들의 **데이터 분석 업무 프로세스 변화**가 필요합니다. 기존의 데이터 분석 업무는 크게 두 가지 방식이었습니다. 수작업으로 데이터를 추출하고, 취합하고, 정제하여 분석(로컬 PC 환경에서)하는 방법이 있고, '데이터 웨어하우스' 담당자에 데이터 분석 요건을 전달하고, 시스템 개발이 완료되면, 이를 활용하는 방법이 있었습니다. 이 두 가지 업무 방식에 대한 상세한 내용은 앞선 챕터에서 이미 설명했으므로 생략하도록 하겠습니다. 이제는 Data Lake 플랫폼을 활용하여 데이터를 검색하고, 데이터의 Context를 이해하며, 데이터를 다운로드 받고, 각종 전처리/분석 도구를 통해 분석한 후 이를 다시 Data Catalog에 배포하는 자동화된 프로세스로 변해야 합니다. 기존 방식 대비 가장 큰 차이점은 기존의 수작업을 플랫폼을 이용한 자동화로 처리하는 것이고, 기존의 로컬 PC로 분석하는 환경에서 서버(Hadoop) 환경에서 분석하는 환경으로 변화한 것입니다. 또한 IT 담당자를 통해 개발 요청 후 개발이 완료되기까지 기다리는 방식이 아닌, 사용자가 직접 On-Demand로 즉시 처리하는 방식으로의 변화입니다. 추가적으로 분석 요건을 미리 도출하여 이 요건에 따라서 데이터를 분석하는 것이 아닌, Raw Data를 자유롭게 분석하면서 숨겨진 Insight를 찾아내는 방식으로 변화하는 것입니다. 이러한 데이터 분석 업무 프로세스의 변화 포인트를 전사의 사용자들에게 적극적으로 알리고 커뮤니케이션하고 피드백을 받는 과정을 반복해야 합니다.

세 번째, 궁극적으로 '데이터 웨어하우스'를 대체하고 **통합 빅데이터 플랫폼**을 지향합니다. '데이터 웨어하우스'는 전사의 데이터를 분석하기 위해 집대성한 집합소인 점에서 Data Lake와 동일한 또는 유사한 목적을 가지고 있습니다. 하지만 '데이터 웨어하우스'는 시시각각 변화하는 사용자의 데이터 분석 요구사항에 즉각 대응하기 어려운 단점을 가지고 있습니다. 즉 '데이터 웨어하우스'에 데이터를 수집하기 전에 이미 분석 요건을 정의해야 하고, 수 주~수개월간의 모델링과 개발이 완료된 후에 그 결과를 확인할 수 있습니다. 이 분석 요건이 변경된다면 이러한 불편하고 오래 걸리는 과정을 또 다시 거쳐야 하므로, '데이터 웨어하우스' 사용자들의 불만은 계속적으로 커지고 있습니다. 요즘 같이 고객을 중심으로 모든 제품과 서비스를 즉각 준비해야 하는 시대에 어떤 사용자가 이러한 터무니없는 불편함과 불합리함과 비효율을 겪으면서 참으려고 할까요? 기업의 혹은 세상의 모든 변화는 비효율을 제거하는 방향으로 흘러가고 있습니다. 불필요한 단계는 생략되고 불합리한 프로세스는 개선하게 됩니다. 데이터 분석의 영역도 마찬가지입니다. '데이터 웨어하우스'의 불편함과 비효율은 이제 Data Lake의 편리함과 효율성으로 대체해야 합니다. Data Lake의 사용자가 더 많이 늘어나고 더 꾸준히 활용할수록 그 편리함과 효율성은 더욱 더 커질 것입니다. 또한 기존의 Data Scientist가 생성한 '빅데이터 연못'이 아닌 '통합 빅데이터 플랫폼'을 지향해야 합니다. '빅데이터 연못'은 또 다른 단절(Silo)을 만들어 내고 있어 전사에 공유하기 어려운 구조이기 때문입니다. 통합 Data Lake 플랫폼을 통해 전사에 공유하는 체계이어야 합니다.

그러면 이러한 전사적 전환 프로그램을 어떻게 추진해야 성공할 수 있을까요? 성공한다는 의미는 위의 그림에서 지향하는 바를 달성한다는 의미입니다. 즉 전사의 사용자가 통합 빅데이터 플랫폼인 Data Lake를 통해 데이터 분석 업무를 원활하게 수행해야만 성공적인 전환 프로그램이라고 말할 수 있을 것입니다. 먼저 **CEO 중심으로 추진 조직을 구성**해야 합니다. 즉 전사적 전환 프로그램인 Data Lake 플랫폼은 CEO를 중심으로 한 강력한 추진력이 바탕이 되어야 성공적으로 추진이 가능합니다.

과거 전사자원관리(ERP), '데이터 웨어하우스', 지식관리(KM) 등의 유사 사례에서 알 수 있듯이, 단순히 "IT 시스템을 구축하는 프로젝트"라고 생각할 때 이 전사적 전환 프로그램은 반드시 실패합니다. IT 시스템을 구축하는 사업이라면, IT 부서장 혹은 CIO가 중심이 되는게 당연합니다. 하지만 이 IT 부서장은 현업의 지원을 이끌어 내기 어려운 위치에 있고, 또한 최근에는 데이터 부서도 독립적으로 있는 경우도 있으므로, 이들의 지원을 얻는 것 또한 쉽지 않습니다. IT 부서는 대개 'Cost Center'라고 불리는 비용을 지출하는 부서이므로, 'Profit Center'인 현업 사업부서에 비해 회사 내 입지가 낮을 수밖에 없습니다. 따라서 보통 IT 부서가 추진하는 사업은 현업 사업부서의 참여를 충분히 이끌어 내지 못하고 대개 실패하는 확률이 높은 것이 사실입니다.

앞선 챕터에서 언급했지만, Data Lake 프로젝트 추진 사업은, 현업 사업부가 주된 사용자, 즉 Citizen 분석가이자 '데이터 오너'로서 참여해야 하고, 기존 '데이터 웨어하우스'의 담당자들은 '데이터 Steward'로 참여해야 하며, Data Scientist는 빅데이터 사용자이자 기술 지원을 하는 역할, 또한 일부 데이터에 대한 '데이터 Steward'로서도 참여해야 합니다. 또한 데이터 분석 도구를 Data Catalog와 연계하는 부분에 대해 지원하는 역할도 수행해야 합니다. 그리고 IT 부서 중 DT(Digital Transformation) 부서가 Data Lake 플랫폼을 구축하는 역할을 수행하고, Legacy 시스템 부서는 원천 시스템에 대한 Data Lake 연계와 기존 애플리케이션에 대한 기술적인 지원을 해야 합니다. (다음 '그림 75. Data Lake 추진 조직 예시' 참조)

그림 75. Data Lake 추진 조직 예시

그림과 같이 사업부(Chief Operating Officer: COO)와 데이터(Chief Data Officer: CDO), IT(Chief Information Officer: CIO 혹은 Chief Technology Officer: CTO)가 모두 참여해야 하는 프로젝트로써, CEO가 중심이 되어 이들을 리딩하지 않는다면, 원활하게 추진하기 어려울 것입니다.

사업 추진 시 Data Lake 시스템 구축은 통상 'DT(Digital Transformation)'라고 불리는 신규 조직이 수행하게 되는데, 이 DT 조직은 Hadoop, 개방형 Open-Source 플랫폼, Cloud 등 최신 기술 트렌드에 대한 역량을 갖춘 신규 인력으로 구성된 경우가 대부분입니다. 이들 DT 조직이 실무적으로 전체 Data Lake 구축 사업을 이끌어 가는 역할을 해야 할 것입니다. DT는 기존 조직의 리더들에게 Data Lake의 개념이 무엇인지, 왜 중요한지, 기존 '데이터 웨어하우스'와 어떤 차이점이 있는지, 어떻게 구축해야 하는지, 어떻게 활용할 수 있는지 등을 주기적인 교육 프로그램이나 워크샵 등을 통해 전달하고 피드백을 받고 토론해야 합니다. 이 과정에서 기존 조직의 우려사항이 무엇인지, 이러한 이슈나 우려사항들을 어떻게 해결할 수 있을지에 대한 충분한 논의 과정을 통해 서로 협의해 나가야 합니다. DT 조직은 이와 같이 Data Lake의 기술적 기능만을 구축하는 조직이 아닌, **'Data Lake의 사절단**(Ambassador)**'**으로서, Data Lake 에 대한 이점을 알리고, 활용을 독려하고, 활성화해야 하는 임무가 있는 것입니다.

또한 CEO는 전사의 전환 프로그램을 이끌어 가야 하는 중요한 임무를 가지고 있습니다. CEO는 Data Lake의 추진 과정상의 주요한 이슈와 진행사항을 '프로젝트 리더'로서 모두 알고 있어야 하며, 중요한 이슈에 대한 의사결정해 나가야 합니다. 추진 과정상의 각 부서에 필요한 지원을 적극적으로 해 나가야 하고, 당장의 투자 대비 효과보다는 장기적인 관점에서 목표한 지향점을 달성해 나가고 있는지를 점검해야 합니다. 특히 부서/조직 간의 이기주의가 작동하는지 잘 모니터링하고, 각 부서가 Data Lake의 활성화에 대한 동기 부여가 되어 있는지를 확인하여, 이를 잘 조정하도록 해야 합니다.

이렇게 전사의 모든 구성원이 자신이 맡은 역할을 충실히 이행하고, 공동의 목표를 향해 서로 협업하고 지원할 때, 전사적 전환 프로그램인 Data Lake의 성공적 추진을 보장할 수 있을 것입니다.

Data Lake
거버넌스

Data Lake 거버넌스는 데이터의 수집(생성), 처리, 적재/보관, 활용, 폐기에 이르는 **전체 데이터 Life Cycle에 걸쳐 안전하고 고품질의 데이터를 보장하기 위한 정책과 업무 프로세스, 조직 간의 역할 및 책임, 필요한 IT 시스템 지원사항을 정의하고 관리**하는 것을 의미합니다. 따라서 데이터를 고품질로 유지하기 위한 **'데이터 품질 관리'**, 데이터를 안전하게 관리하기 위한 **'보안 관리'**, 데이터의 수집에서 폐기에 이르는 전체 Life Cycle을 관리하는 **'데이터 수명 주기 관리'** 업무로 구성됩니다.

1. 데이터 품질 관리

Data Lake의 데이터 품질 관리는 각 '데이터 객체'별로 지정된 '데이터 Steward'가 수행해야 하며, 데이터 프로파일링에 기반한 **데이터 정합성 관리**, 사용자의 **데이터 품질 리뷰에 기반한 조치**로 구분할 수 있습니다. (다음 '그림 76. Data Lake의 데이터 품질 관리' 참조)

그림 76. Data Lake의 데이터 품질 관리

그림과 같이 Data Catalog의 'Data Profiler' 서비스는 Data Lake에 수집한 데이터에 대해 **'데이터 프로파일링'을 수행**하며, 그 결과로 값의 분포, 데이터 포맷 체크 등을 수행한 결과를 Data Catalog의 각 '데이터 객체' 페이지에 표출합니다. '데이터 Steward'는 이 데이터 프로파일링 결과를 확인하고, 데이터 품질 문제 발생 시 원인에 대한 추적과 필요한 조치까지 수행해야 합니다. (다음 '그림 77. 데이터 프로파일링 결과에 따른 점검 필요사항' 참조)

그림과 같이 '데이터 Steward'는 데이터 프로파일링 결과 항목에 따라 필요한 점검을 수행해야 합니다. 먼저 전체 데이터 건수를 확인 후 원본 데이터 대비 데이터 누락이 발생했는지 점검해야 합니다. 또한 유일(Unique) 데이터 건수를 확인 후, 전체 데이터 건수와 대비하여 '유일 키(Primary Key)' 컬럼의 경우 데이터 중복이 발생했는지 점검할 수 있고, 그 외 컬럼의 경우 데이터 이상 여부를 점검해야 합니다. 그리고 숫자 컬럼의 경우 데이터 Min/Max값을 확인 후, 데이터가 유효한 범위 내에 있는지 확인해야 합니다. Null값의 수를 확인 후, Null값이 있어서는 안 되는 필드인지, Null값이 지나치게 많은 것이 아닌지 확인/점검해야 합니다. 데이터 포맷별 분포 확인 후 잘못된 포맷의 데이터가 입력된 것이 아닌지 확인해야 하고, 데이터 Type별 분포 확인 후 잘못된 데이터 Type이 입력된 것이 아닌지 확인해야 합니다.

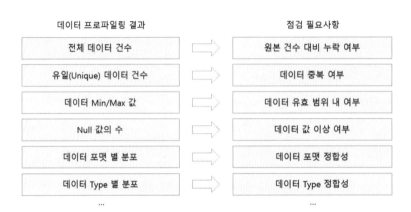

그림 77. 데이터 프로파일링 결과에 따른 점검 필요사항

'데이터 Steward'는 데이터 오류 발견 시, 해당 '데이터 객체'의 '데이터 오너'에 해당 사실을 알리고 원인 분석 후 데이터를 정제할 것인지, 기존 데이터 삭제 후 재유입할 것인지 결정해야 합니다. 원천 데이터 문제인 경우, 해당 데이터 삭제 후 원천 데이터 조치가 이루어진 다음 재유입해야 할 것입니다. 그러나 Data Lake 내부 처리 과정의 문제인 경우, 해당 프로그램의 조치 후, 내부 변경관리 프로세스를 통해 데이터 정제가 이루어져야 합니다.

Data Lake의 데이터 품질 관리를 위한 다음 방법으로, 데이터를 활용한 사용자가 데이터의 품질 문제를 발견 후, Data Catalog에 직접 해당 내용을 입력하여 '데이터 Steward' 및 타 사용자에게 공유하는 방법입니다. '데이터 Steward'는 입력 내용 중 문제가 될 수 있는 내용을 확인 후 조치를 하면 되고, 사용자는 데이터 활용 시 입력된 내용에 유의하여 활용하면 될 것입니다. (다음 '그림 78. Data Lake 사용자의 데이터 품질 리뷰' 참조)

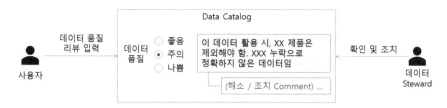

그림 78. Data Lake 사용자의 데이터 품질 리뷰 예시

그림과 같이 Data Lake의 사용자는 데이터를 실제로 활용해 본 후, 데이터 품질을 예를 들어, '좋음' 혹은 '주의' 혹은 '나쁨'과 같이 평가할 수 있습니다. '주의' 혹은 '나쁨'으로 평가한 경우, 어떤 문제 혹은 주의할 사항이 있는 것인지 구체적으로 입력하여, 타 사용자에게 공유하도록 합니다. '데이터 Steward'는 해당 내용을 확인 후, 조치를 취하거나 이를 해소하기 위한 방안에 대해 추가 Comment를 입력하는 방식으로 대응하는 것이 바람직합니다. '데이터 Steward'가 조치를 취한 후에는 조치 내용에 대한 Comment를 기입합니다. 이렇게 Data Lake는 고품질의 데이터를 유지하기 위해 '데이터 Steward'와 사용자가 함께 노력해 나가는 전사의 공통 플랫폼입니다.

2. 보안 관리

Data Lake의 보안 관리는 사용자의 **접근/인증 관리**, 사용자에 대한 **권한 관리, 민감 데이터 관리**로 구분할 수 있습니다. (다음 '그림 79. Data Lake 보안 관리' 참조)

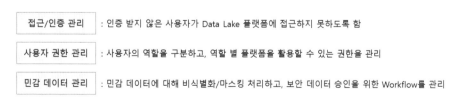

접근/인증 관리	: 인증 받지 않은 사용자가 Data Lake 플랫폼에 접근하지 못하도록 함
사용자 권한 관리	: 사용자의 역할을 구분하고, 역할 별 플랫폼을 활용할 수 있는 권한을 관리
민감 데이터 관리	: 민감 데이터에 대해 비식별화/마스킹 처리하고, 보안 데이터 승인을 위한 Workflow를 관리

그림 79. Data Lake 보안 관리

먼저 사용자의 **접근/인증 관리**는 그림에서 보는 바와 같이 인증(Authentication)을 받은 사용자에게만 Data Lake에 접근을 허용해 주는 체계를 의미합니다. 쉽게 얘기하면 다른 시스템들과 마찬가지로 Data Lake에 대한 사용자 등록과 인증 후에 로그인해야만 접근이 가능한 것입니다.

물론 Data Lake에 대한 별도 인증 체계를 만드는 것보다는, 사내 환경에서는 전사 '통합 인증(Single Sign-On: SSO)'을 활용하는 것이 여러 가지 이유에서 바람직합니다. 즉 사내 SSO 체계를 활용할 시에는, 전사의 보안 체계와 일관성을 유지하고, 사용자의 편의성도 향상되며(별도 로그인이 불필요하므로), 별도 인증 체계를 구축하는 비용 또한 절감이 가능하기 때문입니다.

사내 SSO 적용 시에 중요한 점은 Data Lake와 관련된 모든 애플리케이션, 즉 Data Catalog와, 이와 연계된 모든 데이터 전처리/분석 도구에도 동일하게 SSO를 적용함으로써 별도 로그인 없이 접근이 가능하도록 해야 한다는 것입니다. (다음 '그림 80. SSO 통한 Data Lake 인증' 참조)

그림 80. SSO 통한 Data Lake 인증

그림과 같이 사용자가 전사 통합 인증 체계인 SSO에 로그인한 이후에는 자동으로 Data Catalog에 로그인되고, 또한 Data Catalog에서 데이터 전처리 도구, 데이터 분석 도구에 연계 시에도 자동으로 로그인되어 별도 로그인 절차가 필요 없게 되는 것입니다.

Data Lake 보안 관리를 위한 다음 항목은 **사용자의 권한 관리**입니다. '사용자 권한 관리'는 사용자의 역할을 구분하고, 역할에 따라 Data Lake에 접근할 수 있는 권한을 구분하는 것입니다. 그래서 각 사용자는 필요한 역할을 할당 받아(다중 역할 할당 가능), 해당 역할에 맞는 시스템 권한을 활용할 수 있게 됩니다. (다음 '그림 81. Data Lake 사용자 역할 구분 예시' 참조)

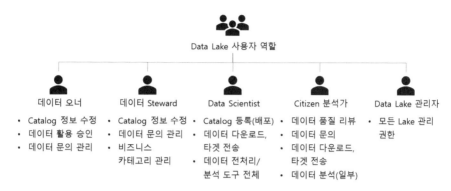

그림 81. Data Lake 사용자 역할 구분 예시

그림과 같은 Data Lake 사용자 역할 구분 예시 중 원천 시스템의 **'데이터 오너'**는 Data Catalog의 비즈니스 Context 정보를 입력하고 수정할 수 있는 권한, 사용자의 데이터 활용에 대한 승인 요청 시 이를 승인할 권한, 사용자가 데이터에 대한 문의를 할 경우, 이에 대한 답변 등록 권한 등을 가집니다.

'데이터 Steward'는 Data Catalog의 '데이터 객체'의 큐레이터 로서, 모든 데이터 Context 정보를 입력하고 수정할 수 있는 권한을 우선적으로 가지고, 사용자의 데이터 문의에 대한 답변을 등록할 수 있는 권한, 비즈니스 카테고리를 등록하고 수정할 수 있는 권한을 가집니다. 단, '데이터 Steward'의 전문 영역을 고려하여 수정 가능한 상위 카테고리를 한정할 수도 있습니다.

'Data Scientist'는 Data Lake의 고급 사용자로서, 리포트, 대시보드, 지식(Article) 등의 사용자 가공 '데이터 객체'를 Data Catalog에 등록/배포할 수 있는 권한, 데이터를 조회할 수 있는 권한, 데이터를 다운로드할 수 있는 권한, 데이터를 타깃 데이터베이스/저장소로 전송할 수 있는 권한, 또한 모든 데이터 전처리/분석 도구를 활용할 수 있는 권한을 가집니다. 또한 'Citizen 분석가'가 가지는 권한도 모두 포함합니다.

'**Citizen 분석가**'는 Data Lake의 일반 사용자로서, Data Catalog의 '데이터 객체'의 일부 항목(설명, 태그, 품질 리뷰, 데이터 문의 등)에 대해 등록/수정할 수 있는 권한, 모든 '데이터 객체'의 모든 데이터 Context를 조회(민감 데이터의 샘플 데이터 제외)할 수 있는 권한, 데이터를 조회/다운로드할 수 있는 권한(일부 데이터는 별도 승인 필요), 데이터를 타깃 데이터베이스/저장소로 전송할 수 있는 권한, 일부 데이터 분석 도구를 활용할 수 있는 권한, 비즈니스 용어를 신규로 등록하고, 기존 용어를 수정할 수 있는 권한 등을 가집니다.

'**Data Lake 관리자**'는 Data Lake 운영 관리와 관련된 모든 권한을 가집니다.

사용자별로 개별적으로 사용자 역할 그룹에 매핑하는 것은 현실적으로 어려우며 (사내 수천 명에 달하는 사용자 보유한 경우), 부서별로 사용자 역할 그룹에 맵핑하고, 예외적인 권한을 요청하는 사용자에 대해서는 개별적으로 처리하는 것이 현실적인 안이 될 것입니다.

마지막으로 **민감 데이터 관리**는 민감한 개인 정보나 산업 보안 데이터, 사내 민감 데이터에 대해 비식별화/마스킹/암호화하고, 일부 데이터의 활용을 위해 '데이터 오너'의 승인을 받는 절차에 대한 Workflow를 포함합니다.

민감한 개인 정보는 정부의 개인 정보 규제에 따라 관리해야 하고, 산업 보안 데이터에 대해서는 정부의 산업 보안 규제에 따라 관리해야 합니다. 하지만 Data Lake 데이터를 활용하는 입장에서, '데이터 분석가'가 분석이 가능한 방향으로 처리해야 합니다.

예를 들어, 민감한 개인 정보이고 '유일값(Primary Key)' 정보의 경우, 임의로 생성한 '유일값'으로 대체하고, 해당 값을 가진 모든 필드를 이 값으로 대체해야 합니다. 그래야만 데이터 분석가가 그러한 '유일값' 간에 데이터 Join이 가능할 것입니다. 만약 일부 테이블의 '유일값'만 대체하고 일부 테이블의 '유일값'은 대체하지 않는다면, '유일값' 간의 데이터 Join이 불가능할 것입니다. 또한 이 경우에 비식별화가 아닌 암호화 방식을 적용했을 경우에는 애초에 데이터 Join이 불가능하게 되므로, 해당 값을 가진 모든 테이블을 활용하기 불가능할 것입니다.

또 다른 예로, 고객의 주소 정보의 경우, 시/군/구, 상세 주소를 포함한 모든 정보를 마스킹할 경우, '데이터 분석가'는 위치를 기반으로 한 분석이 전혀 불가능하게 됩니다. 그러나 주소 중 시/군/구 정보는 마스킹 처리하지 않고 그대로 두고, 상세 주소만 마스킹하더라도 각 개인의 정확한 주소를 알 수 없으므로, 개인 민감 정보 보안에는 문제가 없게 됩니다. 하지만 이 경우에는 고객의 시/군/구 레벨까지는 위치 정보를 기반으로 한 분석이 가능하게 되어 분석에 유용한 데이터가 됩니다. 이와 같이 보안 데이터라고 하더라도 **데이터 분석이 가능한 방향으로 비식별화/마스킹 처리**가 필요합니다.

그리고 민감한 보안 정보라고 하더라도 **모든 '데이터 객체'는 Data Catalog에서 검색과 조회가 가능**하게 해야 합니다. 일반적인 기업의 경우, 민감한 보안 데이터의 경우는 해당 데이터의 부서장 혹은 보안 담당자에게 승인을 받은 후에 활용이 가능하다라는 정책이 있습니다. 그러나 사용자의 입장에서 어떠한 데이터가 있는지도 모르는데, 해당 부서장에게 승인을 요청할 수는 없습니다. 그래서 Data Catalog에서 '데이터 객체'에 대한 검색과 메타데이터에 대한 조회가 가능하도록 해야 합니다. 그래야만 사용자는 어떠한 '데이터 객체'가 있다는 것을 인지할 수 있으며, 해당 '데이터 객체'의 실데이터를 조회하기 위해서는 '데이터 오너'의 승인이 필요하다는 것을 알 수 있을 것입니다. 이 경우 '샘플 데이터'에 대한 조회는 불가능하도록 처리해야 할 것입니다. 그리고 데이터 활용을 위해 데이터를 조회하고 다운로드를 하기 위해서 해당 '데이터 오너'에서 승인을 요청할 것입니다. (다음 '그림 82. 민감 데이터 활용 절차' 참조)

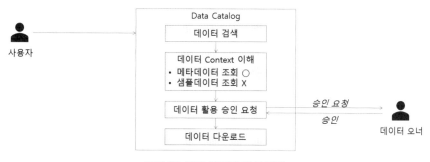

그림 82. 민감 데이터 활용 절차

3. 데이터 수명 주기 관리

데이터 수명 주기 관리는 데이터의 수집(생성)에서부터 적재/보관, 활용, 폐기에 이르기까지의 데이터의 전체 Life Cycle 관리를 위한 정책, 프로세스 및 시스템 지원을 관리하는 영역입니다.

먼저 데이터의 수집은 원천 시스템으로부터 Data Lake의 '준비 데이터 영역'으로 Raw Data를 수집하는 부분(1), '준비 데이터 영역'에서 필요한 처리 후 '원천 데이터 영역'으로 이동하는 부분(2), '원천 데이터 영역'의 데이터를 사용자에 서비스하기 위해 '작업 데이터 영역'으로 이동(복사)하는 부분(3), '작업 데이터 영역'의 데이터를 전처리/분석 도구를 통해 가공하고 신규 데이터를 생성하는 부분(4), '작업 데이터 영역'의 데이터를 Data Catalog를 통해 배포하여 '가공 데이터 영역'으로 이동(복사)하는 부분(5)으로 구분할 수 있습니다. (다음 '그림 83. 데이터 수집/이동 관리' 참조)

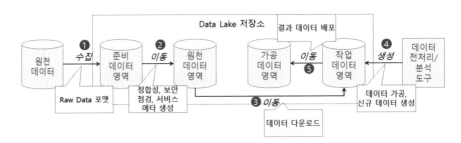

그림 83. 데이터 수집/이동 관리

앞선 '데이터 적재 Layer'에서 설명하였듯이, **'준비 데이터 영역'**에서는 원천 시스템으로부터 별다른 처리 없이 Raw Data 포맷 그대로 수집합니다. '준비 데이터 영역' 내에서는 데이터 정합성 점검, 보안 점검, 서비스용 메타데이터를 생성하고 곧바로 '원천 데이터 영역'으로 이동하게 됩니다. '원천 데이터 영역'으로 데이터를 이동한 후에는 '준비 데이터 영역'의 데이터는 **즉시 폐기** 혹은 **단기 보관 후 폐기**하는 것이 효율적인 적재 용량 관리를 위해 바람직합니다.

 '**원천 데이터 영역**'은 Data Lake의 메인 서비스(Ops) 영역으로, Data Catalog를 통해 원천 시스템으로부터 수집한 Raw Data를 사용자에게 서비스하는 영역입니다. '원천 데이터 영역'의 데이터는 사용자가 추가 작업을 위해 '대화식 쿼리' 서비스를 통해 다운로드하여 '작업 데이터 영역'으로 이동(복사[22])합니다. '원천 데이터 영역'의 데이터를 '작업 데이터 영역'으로 복사하는 것이므로, '원천 데이터 영역'의 데이터는 폐기하지 않고 그대로 남아 있어야 합니다.

 통상적으로 데이터 분석가는 2~3년 단위의 장기 데이터 분석을 하는 경우가 많으므로, **최소 3년간의 데이터를 보관**하는 것이 바람직합니다. 그러나 3년이 지난 후에는 해당 기업이 속한 산업에 따라 보관 여부를 결정해야 합니다. 예를 들어, 일부 제조업의 경우 제품 추적의 목적으로 10년 이상 데이터를 보관해야 하는 규제가 있는 경우도 있습니다. 따라서 이 경우에는 제품 추적 데이터는 10년 이상 보관하되, 그외 데이터는 폐기하도록 해야 할 것입니다.

 그러나 장기간 활용되지 않는 데이터를 3년 이상 보관하는 것은 매우 비효율적일 것일 것입니다. 따라서 데이터의 활용 로그를 조사하여 1년 이상 전혀 활용되지 않는 데이터는 일단 Data Lake에서 삭제하되, 사용자의 적재 요청이 있을 경우, 다시 원천 시스템으로부터 해당 데이터를 수집하는 것이 바람직할 것입니다.

 또한 Hadoop은 기본적으로 3벌의 데이터를 보관하게 하므로, 별도의 백업은 불필요합니다. 만약 Hadoop상에서 1벌의 백업을 할 경우, 추가로 3벌의 데이터가 생기게 됩니다. 따라서 원본 데이터 3벌, 백업 데이터 3벌이 되어, 동일한 데이터가 총 6벌이 되어 보관하게 되므로, 데이터 용량과 관리의 비효율이 지나치게 커질 것입니다.

 다음으로 '**작업 데이터 영역**'은 사용자가 Data Catalog에서 데이터 전처리/분석 작

---

22 '복사'란 Hadoop 내 폴더 간의 파일 복사를 의미.

업을 위해 사용자별, 프로젝트별, 부서별 작업 영역으로 다운로드한 데이터입니다. 사용자는 데이터 전처리/분석 도구를 통해 데이터를 가공하고 추가 데이터를 생성하는 등 자유롭게 작업합니다. '작업 데이터 영역'은 사용자별, 프로젝트별, 부서별 작업 영역으로, 다른 사용자, 프로젝트, 부서와는 공유가 불가능합니다. 즉 사용자 본인 또는 해당 프로젝트 참여자 또는 해당 부서 구성원만 접근 가능한 영역입니다. 또한 임시 데이터 영역으로서, Data Catalog에서 서비스되지 않는 데이터이므로, **일정 기간(예를 들어, 3개월) 동안 미활용 데이터는 자동으로 폐기**되는 것이 바람직합니다. 예를 들어, 사용자가 마지막으로 활용한 시점부터 3개월이 지난 데이터는 삭제하게 하는 정책입니다.

작업을 완료한 데이터 중 다른 사용자에게 공유하고자 하는 데이터는 Data Catalog에 배포함으로써 공유할 수 있습니다. Data Catalog에 배포한 데이터는 '작업 데이터 영역'(Dev)에서 '가공 데이터 영역'(Ops)으로 이동(복사)하게 되고, '가공 데이터 영역'으로 이동된 데이터는 다른 사용자가 Data Catalog를 통해 검색하고 조회할 수 있게 됩니다.

마지막으로 **가공 데이터 영역**'은 사용자가 가공한 데이터를 사용자에게 서비스(Ops)하는 영역입니다. '원천 데이터 영역'과 함께 'Ops 서비스 Zone'에 속하는 영역으로, '가공 데이터 영역'의 데이터는 Data Catalog를 통해 사용자에게 검색되고 활용될 수 있습니다.

이 가공 데이터 역시 '데이터 분석가'의 장기 데이터 분석의 니즈가 있으므로, **최소 3년의 보관**이 필요합니다. 하지만 '가공 데이터 영역'에서 장기간 활용되지 않는 데이터의 경우 폐기하는 것은 추가적인 검토가 필요한 사항입니다. '원천 데이터 영역'의 데이터는 원천 시스템에서 해당 데이터를 보관 중이므로, 필요 시 다시 적재가 가능하나, '가공 데이터 영역'의 데이터는 사용자가 별도로 생성한 데이터이므로, 원천 시스템 자체가 존재하지 않기 때문입니다. 따라서 '가공 데이터 영역'의 데이터를 폐기하면 복구할 방법이 없게 됩니다. 그러나 '가공 데이터 영역'의 용량이 충분하지 않을 경우에는, '원천 데이터 영역'의 데이터와 마찬가지로 장기간 활용되지 않을 경우, 효율적인 용량 관리를 위해서는 폐기하는 방법 외에는 별다른 방법이 없을 것입니다. (다음 '그림 84. Data Lake 데이터 보관 관리 정책 예시' 참조)

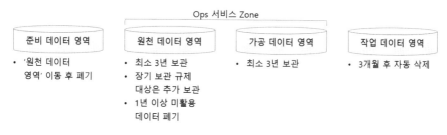

그림 84. Data Lake 데이터 보관 관리 정책 예시

그림은 Data Lake 데이터의 보관 관리 정책을 예시적으로 정리하였습니다. 하지만 이는 기업의 데이터 생성량, 적재소 용량의 여유분, 충분한 운영 인력 보유 여부, 산업별 규제 등에 따라 달라질 수 있습니다. 하지만 기본적으로 이와 같은 방향으로 설정하여 운영하되 예외적인 사항이 있을 경우, 이를 반영하여 운영하는 것이 바람직할 것입니다.

현재 전 세계의 기업들은 모바일, 5G 네트워크, 소셜 네트워크, IoT로 촉발된 4차 산업 혁명과 함께 지속적으로 또한 폭발적으로 내/외부의 데이터가 증가하는 추세에 있습니다. 현재의 '데이터 웨어하우스'와 '빅데이터 웅덩이/연못' 체계로는 이러한 빅데이터의 처리와 활용에 한계가 있습니다.

현재의 '데이터 웨어하우스'는 끊임없이 변화하고 추가되는 사용자의 데이터 분석에 대한 요구사항을 만족시킬 수 없으며, 이로 인한 사용자의 불만은 고조되어 왔습니다. 사용자가 '데이터 웨어하우스'에서 데이터를 분석하기 위해서는 IT 시스템 담당자를 통해야만 하고, IT 시스템 담당자는 사용자의 요구사항 반영을 위해 데이터 모델링을 변경하고 시스템을 수정해야 했습니다. 사용자들은 시스템 개발이 완료될 때까지 오랜 시간을 기다려야 했으며, 완료된 이후에도 수시로 변화하는 내/외부 환경에 대한 대응을 위해 데이터 분석에 대한 요구사항을 계속하여 추가하고 수정해야 했습니다.

또한 많은 기업들은 빅데이터의 활용을 위해 Data Scientist를 양성하고, 이들을 중심으로 일부의 데이터만 활용한 '빅데이터 웅덩이/연못'을 구축하였습니다. Data Scientist는 회사 내부의 업무 지식에는 제한적이었고, 사내 일부의 업무에만 적용하고 있으며, 그 효과도 미미하거나 해당 업무에만 제한적이었습니다. 이러한 상황을 목격한 다른 사업부와 부서들도 자체적인 '빅데이터 웅덩이/연못'을 구축하고, 결국 사내에 여러 개의 '데이터 웅덩이/연못'이 생기게 되었습니다. 이들 '데이터 웅덩이/연못' 간에는 Legacy 시스템과 마찬가지로 단절(Silo)이 발생하고 있으며, 전사의 사용자들은 이러한 '데이터 웅덩이/연못'에 접근할 수도 없습니다.

또한 현재의 사용자들은 전사에 어떤 데이터가 어디에 있는지 파악할 수 없고, 관련 담당자를 통해 파악한 이후에도 수작업으로 데이터를 추출하고, 취합하고, 병합해야 합니다. 이러한 사용자의 데이터 수집과 처리 과정은 불필요한 수작업 과정이며, 많은 노력과 시간이 필요하였습니다.

하지만 최근에 이러한 데이터 업무 관련 이슈들을 해결하기 위해 다양한 IT 기술들이 나타나고 발전하고 있습니다. 데이터를 편리하게 검색하고, 확보하고, 전처리하고 분석할 수 있는 도구들이 나타나고 있고, 특히 빅데이터의 처리와 저장을 위한 Hadoop 생태계 도구들은 많은 기업들이 도입하여 활용하고 있고, 갈수록 빠른 속도로 진화 중에 있습니다.

기업들은 이러한 내/외부의 환경 변화하에서, **'Data Lake 플랫폼'**은 이제 선택이 아닌 필수가 되어야 하는 시점에 왔습니다. 'Data Lake 플랫폼'을 통해 **전사의 Raw Data를 한곳에 모으고, 전사의 사용자들이 이 Raw Data를 다양한 도구를 통해 손쉽게 검색, 이해, 확보, 분석할 수 있는 체계**를 제공해야 합니다. 전사의 모든 사용자들은 이 'Data Lake 플랫폼'을 통해 필요한 데이터를 빠르게 찾고, 깊이 이해하고, 쉽게 확보하고, 다양한 도구로 가공하고 분석할 수 있게 될 것입니다. 이러한 체계는 사용자들의 빠르게 변화하는 데이터 분석 요구를 만족시킬 수 있을 것이며, 더 이상 IT 시스템 담당자에 의존하지 않고도 데이터를 활용할 수 있게 될 것입니다.

기업의 데이터는 더 이상 Legacy 시스템 조직과 같은 특정 부서의 소유도 아니고, Data Scientist와 같은 특정 역량을 가진 집단의 소유도 아닙니다. 기업의 모든 구성원들이 기업 내/외부의 모든 데이터를 활용할 수 있어야 하며, 이를 통한 '집단 지성'을 발휘할 시대가 드디어 빅데이터 영역에도 도래한 것입니다. 구성원들은 서로의 데이터 활용 과정과 결과를 서로 공유하고 이를 각자의 업무에 적용해 보고 궁금한 것은 서로 물어보고 답변하는 체계, 이러한 모든 과정이 투명하게 공개되고 누구나 접근할 수 있으며 쉽게 찾아볼 수 있는 플랫폼을 가질 수 있게 된 것입니다. 이렇게 기업의 모든 구성원들에게 전사의 데이터를 오픈하고 활용할 수 있도록 하는 '**데이터 민주화**(Data Democratization)'는 기업의 데이터 문화를 한 단계 발전시킬 것이며, 개인의 경쟁력뿐만 아니라 기업의 경쟁력을 크게 향상시킬 것입니다.

이렇게 전사의 구성원들이 참여하는 플랫폼을 만들기 위해서는 마찬가지로 전사의 구성원들의 노력이 필요합니다. 신기술로 무장한 DT(Digital Transformation) 조직은 'Data Lake 사절단'이 되어 Data Lake가 무엇인지, 왜 필요한지, 무엇이 좋아지는지를 전사의 구성원들에게 지속적으로 알려야 합니다. 또한 Data Lake 도입 시에 예상되는 문제점과 해결 방안을 서로 논의하고 커뮤니케이션하여 서로 간에 공감대를 형성해야 합니다.

이러한 '전사적 전환 프로그램'은 CEO가 주축이 되어 모든 참여 조직, 즉 사업부(COO), 데이터(CDO) 부서, IT(CIO/CTO) 부서 등을 이끌어 나가야 합니다. CEO는 기존의 '데이터 웨어하우스'로부터, '빅데이터 웅덩이/연못'으로부터, 'Data Lake 플랫폼'으로의 성공적 전환을 위해 각 부서가 각자의 주어진 역할을 수행할 수 있도록 독려하고 동기 부여와 유인을 제공해야 합니다.

사업부(COO)는 '데이터 오너'로서 데이터의 비즈니스 배경지식을 다른 사용자들과 공유해야 하고, '일반 사용자'의 관점으로 플랫폼이 구성될 수 있도록 피드백을 주어야 합니다. 데이터(CDO) 부서는 '데이터 Steward'로서 Data Catalog의 '데이터 객체'를 큐레이션하여 사용자에게 서비스해야 하고, 이 중 특히 Data Scientist는 Data Lake의 '고급 사용자'로서 Data Lake를 기반으로 빅데이터 과제를 추진하고, 또한 적극적인 활용을 통해 'Citizen 분석가'를 이끌어 나가야 합니다. IT(CIO/CTO) 부서는 'Data Lake 플랫폼'의 사절단의 역할과 함께 성공적 구현에 대한 책임이 있습니다.

이렇게 전사의 부서가 자신에게 주어진 각자의 임무를 다하지 않는다면 Data Lake 프로젝트는 결코 성공하지 못할 것입니다.

DT는 Data Lake 구축의 진행 상황과 활용 현황을 투명하게 공유하고, 그 성과를 모니터링하고 가시화해야 하는 책임이 있습니다. 수많은 구성원들이 참여하고 많은 리소스가 투입되는 프로젝트이므로, 이를 활용하여 어떤 성과를 거두고 있는지를 모니터링해야 하며, 이러한 측면에서 'Data Scientist'와의 협업은 필수적이라 할 것입니다. 'Data Scientist'는 Data Lake를 가장 많이, 적극적으로 활용할 수 있는 사용자 그룹이고, Data Lake를 통해 자신들의 업무 성과를 거두어야 합니다. 이들의 데이터 활용 과정과 결과는 '일반 사용자'에게 공유되고, '일반 사용자'는 이를 참고하여 자신의 업무에 응용하고 적용할 수 있는 방법을 터득할 수 있을 것입니다.

'Data Scientist'는 기존에 자신들만의 전유물이었고 자신들만 활용할 수 있었던 빅데이터, 그리고 각종 데이터 분석 도구들이 전사의 모든 사용자와 공유하는 것에 대한 거부감이 있을 수 있습니다. 자신들의 특권이라 생각했던 빅데이터 영역이 대중화됨으로써 자신들의 역할이 줄어들 것이라고 생각할 수 있습니다. 이는 분명 잘못된 생각이며, 경계해야 할 생각입니다. 'Data Scientist'는 Data Lake의 활용을 리드하여 '전사적 전환 프로그램'을 성공시킬 수 있는 '키(Key)'를 쥐고 있습니다. 오히려 사용자들이 점차 Data Lake를 적극적으로 활용함에 따라 'Data Scientist'의 역할은 더욱 더 커질 수 있습니다.

'Data Scientist'는 지속적으로 발전하는 데이터 분석 기법과 도구를 전사에 소개하고 가이드 하는 역할을 수행해야 합니다. 그들의 가장 큰 약점으로 지적되었던 업무에 대한 이해도가 낮은 점을 'Data Catalog'를 통해 해소할 수 있게 되었고, 더욱 자신 있게 분석 기법들을 현업의 업무에 적용할 수 있게 된 것입니다. 이러한 업무 개선 사례는 또 다시 'Data Catalog'를 통해 배포/공유되고, '일반 사용자'들도 이러한 분석 기법과 사례들을 자신들의 업무에 적용할 수 있을지 검토할 수 있게 될 것입니다.

'일반 사용자'들의 힘을 무시해서는 안 됩니다. 최근에 우리가 깨닫게 되었듯이 '집단 지성'의 힘이란 정말 대단한 것입니다. Wikipedia만 보더라도 알 수 있습니다. 세상 곳곳에 온갖 지식들로 무장한 숨겨진 무림 고수들이 이렇게 많다는 것에 놀라움을 금할 수 없습니다. '일반 사용자'에게 전사의 모든 데이터를 활용하고 분석할 수 있는 능력이 주어졌을 때 그들은 우리가 생각지도 못했던 일들을 해낼 수도 있습니다. 각자의 업무를 가장 잘 알고 있는 사람은 바로 각 담당자/실무자 본인이기 때문입니다. 이렇게 전사의 모든 사용자가 Data Lake를 본인의 업무에 활용할 수 있을 때 기업은 한 단계 더 비상할 수 있을 것입니다.

향후 발전방향

Data Lake는 2015년부터 본격적인 도입이 시작되었고, (국내는 이보다 훨씬 느리게 진행되고 있습니다.) 아직 시장 성숙도가 초기 단계라고 할 수 있습니다. 따라서 아직 미흡한 부분과 발전 가능성이 많이 남아 있고, 향후 국내에도 본격적인 도입이 시작되면, 이러한 숨어 있던 이슈들이 가시화되고 논의가 이루어질 것입니다. 제가 생각하고 있는 Data Lake와 관련한 향후에 예상되는 이슈들을 몇 가지 요약하고자 합니다.

▌1) 데이터 중복의 최소화

Data Lake는 전사의 원천 시스템에 적재되어 있는 Raw Data를 한곳에 모으는 시스템입니다. 그러면 결국 원천 시스템의 데이터와 Data Lake에 적재한 데이터는 중복이 발생할 수밖에 없습니다. 즉 동일한 데이터가 원천 시스템에도 존재하고 Data Lake에도 존재하는 것입니다.

일반적인 '정보화 강도'가 높은 대기업의 경우, 원천 시스템의 데이터 규모만 해도 수십 페타바이트(Petabyte)에 이르니 이미 관리와 운영 비용이 상당한 수준일 것입니다. 이러한 대규모의 데이터가 동일하게 또 Data Lake에 존재한다고 하면, 또한 Hadoop의 경우 3벌의 동일 데이터를 백업하는 정책까지 있으므로, 회사 내에 동일 데이터가 총 4벌이 존재하게 됩니다. 그러면 수백 페타바이트에 이르는 데이터를 관리하고 운영해야 합니다. 이는 분명 기업 입장에서 큰 부담이 아닐 수 없습니다.

이렇게 많은 비용을 투자하여 적재한 Data Lake의 Raw Data를 사용자들이 모두 활용한다는 보장 또한 없습니다. 아마 사용자들이 활용하는 데이터는 20% 이하일 확률이 높습니다. (2:8 법칙에 의해) 그러면 사용자들이 활용하지 않는 나머지 80%의 데이터는 기업 입장에서는 투자 대비 효과가 "0(제로)"인 그야말로 비효율적인 투자인 것입니다.

그러면 이러한 상황을 초래하지 않기 위해서는 어떻게 해야 할까요? 사용자들이 요청하는 경우에만 Data Lake에 적재하는 것이 좋을까요? 하지만 이 경우에는 사용자들이 즉시 필요한 데이터를 활용할 수는 없을 것입니다. 사용자가 Data Lake 담당자에 VoC(Voice of Customer) 등을 통해 적재를 요청하면, Data Lake 담당자가 순차적으로 적재 처리하기까지 시간(통상 1일 이상)이 걸리고 사용자는 처리가 완료될 때까지 기다릴 수밖에 없습니다. 따라서 이 방법은 정답이 되기 어려울 것입니다.

또 하나의 방법은 Data Lake에 원천 데이터를 적재하지 않고, 사용자가 직접 On-Demand로 원천 시스템으로부터 필요한 데이터를 확보하는 것입니다. 이를 구현하기 위해서는 먼저 원천 시스템의 '데이터 객체'를 Data Catalog에 큐레이션하여, 사용자들이 Data Catalog를 통해 원천 시스템의 '데이터 객체'를 검색하고 조회할 수 있게 해야 합니다. 실데이터를 조회해야 할 경우에는 해당 원천 시스템의 Raw Data를 '작업 데이터 영역'(Dev)으로 다운로드합니다. 그 이후부터는 앞서 언급한 Data Lake 시스템과 동일한 방식으로 동작합니다.

기존 Data Lake 아키텍처와의 차이점은 '원천 데이터 영역'이 없다는 점이고 나머지는 동일한 구성을 가집니다. 이 방법의 장점은 '원천 데이터 영역(Ops)'이 없으므로 인한 저장소 공간이 절약된다는 점, 또한 Data Lake의 Raw Data의 정합성을 관리할 필요가 없는 점, 운영 부담의 감소 등이 있을 것입니다. 하지만 단점은 원천 시스템의 부하를 추가로 초래하는 점, 또한 데이터를 '작업 데이터 영역'으로 다운로드 시,

보안 점검/처리, 데이터 정합성 체크 등으로 인해 추가 시간이 소요되는 점 등이 있을 수 있습니다.

이 개념은 Data Lake는 사용자별 '작업 데이터 영역(Dev)'과 '가공 데이터 영역(Ops)'만 있는 형태가 되고, 원천 시스템 자체가 '원천 데이터 영역(Ops)'이 되는 것입니다. 즉 전사의 모든 시스템의 데이터가 가상의 Data Lake를 구성하게 되어, 이를 일부에서는 'Data Ocean'이라고 부르기도 합니다. 향후에 전사의 데이터 규모가 감당할 수 없는 수준이 되면, 결국 이러한 'Data Ocean' 형태로 구성할 수밖에 없을 것입니다.

▎2) 별도의 Data Hub?

대부분의 IT 업계 관계자는 Data Lake는 사용자들의 데이터 분석을 위한 플랫폼이라는 생각이 지배적입니다. 그러니까 Data Lake는 비즈니스 애플리케이션에 업무 처리용 데이터를 제공하는 체계는 아니라는 것입니다. 즉 원천 시스템으로부터 데이터를 수집하여, 이를 필요로 하는 비즈니스 애플리케이션에게 제공하는 시스템은 흔히 'Data Hub(Hub-and-Spoke 방식으로 데이터를 제공하므로)'라는 명칭으로 불리고 있습니다.

IT 업계 관계자들이 이렇게 Data Lake와 Data Hub를 별도로 생각하는 이유는, Data Hub는 업무 운영에 Critical 실시간 데이터를 제공해야 하므로, 순간적인 부하가 발생해서 데이터 지연이 발생하면 절대로 안 된다는 것입니다. Data Lake는 사용자들의 분석용 Ad-hoc 쿼리가 수시로 발생하므로, 순간적인 부하로 인해 데이터 지연이 발생할 수 있는 환경을 가지고 있습니다. 따라서 Data Hub는 비즈 운영용, Data Lake는 분석용으로 물리적으로 완전히 분리하여 운영해야 한다는 것입니다.

이렇게 Data Hub를 별도로 운영할 경우에, 장점은 앞서 언급했듯이 Data Hub는 최상의 Performance를 낼 수 있도록 운영할 수 있다는 점이고, 단점은 추가적인 구축 비용과 운영에 대한 부담이 증가한다는 점과, 역시 데이터 중복이 또 한 번 발생

한다는 것입니다. 즉 동일한 데이터가 원천 시스템, Data Hub, Data Lake에 총 3벌 존재하게 됩니다.

하지만 앞서 '카파 아키텍처'와 '람다 아키텍처'에서 설명했듯이, Data Lake에도 실시간 처리를 위한 Zone이 별도로 있습니다. '메시지 브로커'를 통해 실시간으로 데이터를 수집하고 필요한 애플리케이션에 전송할 수 있습니다. 물론 이 '메시지 브로커'를 중심으로 한 시스템을 별도로 Data Hub라고 부를 수도 있으나, Data Lake 내부의 하나의 모듈이라고 보는 것이 정확할 것입니다. Apache Kafka와 같은 '메시지 브로커'를 활용하면 Hadoop과 밀접한 연동이 가능하므로, Hadoop 기반의 Data Lake와 통합되어 있다고 보아도 무방할 것이기 때문입니다. Data Lake는 '메시지 브로커'로부터 데이터를 수신하기도 하고, Data Lake에서 데이터를 처리 후 다시 '메시지 브로커'로 전송하기도 합니다. '메시지 브로커'는 이 가공된 데이터를 애플리케이션에 전송하기도 합니다.

따라서 이 '메시지 브로커' 기반의 실시간 데이터 서비스 체계를 Data Hub와 같은 역할로 활용할 수 있게 구성하는 것이 바람직합니다.

▌3) '지식관리(KM)'와의 통합

Data Lake는 원천 시스템의 Raw Data를 서비스하기도 하지만, 사용자의 가공 데이터를 서비스하기도 합니다. 사용자는 Data Catalog에서 다운로드 받은 데이터를 활용하여 데이터를 전처리하고 분석합니다. 데이터를 전처리하고 분석한 결과는 Data Catalog에 '**보고서**', '**대시보드**', '**지식(Article)**'과 같은 '데이터 객체'의 형태로 배포할 수 있습니다. 이러한 '데이터 객체'는 사용자들이 데이터를 분석한 과정과 결과를 담은 "**지식(Knowledge)**"의 유형들이라 볼 수 있을 것입니다.

즉 Data Lake는 비즈니스 업무 처리와 관련된 원천 시스템의 Raw Data뿐만 아니라, 사용자가 자신의 관점으로 이러한 Raw Data를 분석하여 도출한 Insight 정보까지 포함하고 있는 것입니다.

현재의 '지식관리(KM)' 시스템에서 담고 있는 데이터는 대부분 업무 처리에 도움이 되는 각종 문서와 파일들로 이루어져, 구성원들의 모든 지식을 담기에는 한계가 있습니다. 예를 들어, 한 사원이 지난 1년간의 매출 데이터를 분석하여, 고객 유형별, 지역별, 제품별, 판매 에이전트별 Insight를 도출한 정보를 KM 시스템에 엑셀 파일 형태로 등록했다고 합시다. 그러면 다른 사원들은 이 엑셀 파일을 열어서 작업한 데이터, 그래프, Insight 등을 조회할 것입니다. 그렇지만 어떤 원천 시스템에서 어떤 쿼리를 통해 어떤 처리 과정을 통해 해당 분석 결과를 도출하였는지에 대한 세부 정보를 볼 수는 없습니다.

하지만 Data Lake에서 BI 도구를 통해 분석한 결과를 '리포트' 형태로 Data Catalog에 배포했다면, 작성자가 활용한 데이터의 원천 시스템, 쿼리, 처리 과정, 분석 결과 그래프 등을 모두 조회할 수 있습니다. 그래서 분석 결과를 신뢰할 수 있는지를 꼼꼼히 확인할 수 있으며, 또한 해당 쿼리를 '대화식 쿼리' 서비스에서 곧바로 실행시켜 보고, 쿼리를 수정하여 또 다른 분석도 해 볼 수 있습니다. 즉 단순한 분석 결과만을 조회하는 데서 그치는 것이 아니라 분석 과정을 같이 공유함으로써, 더욱 완전한 형태의 지식을 전달할 수 있게 됩니다.

따라서 필자의 생각은 '지식관리' 시스템의 많은 데이터를 Data Lake에서 더 진보된 형태로 흡수가 가능하므로, 결국에는 'Data Lake 플랫폼' 내에 지식을 관리할 수 있는 체계도 포함될 것입니다. 사용자들이 기업 내에서 데이터를 활용하여 지식을 만들어 내기 위해 사용하는 도구들을 Data Catalog와 연계함으로써 가능할 것입니다. 사용자가 데이터 활용 도구에서 만들어 낸 지식을 Data Catalog에 배포할 수 있게 하고, 다른 사용자는 Data Catalog에서 해당 지식을 검색할 수 있게 함으로써, 사용자들의 '지식'이 포함된 'Data Lake 플랫폼'을 구축할 수 있을 것입니다.

▌4) 온라인 서비스 플랫폼에의 적용

Data Lake는 기업 내부의 구성원들을 위한 '통합 데이터 플랫폼' 서비스의 개념을 가지고 있습니다. 하지만 필요한 데이터를 찾고, 데이터의 Context를 이해하고, 데이터를 조회하고 확보하는 서비스는 기업 내부뿐만 아니라 기업 외부의 서비스 플랫폼에도 유사하게 적용될 수 있습니다.

예를 들어, 유튜브와 같은 온라인 동영상 플랫폼에 적용해 보면, 사용자는 필요한 동영상을 키워드를 통해 찾아야 하고, 동영상에 대한 제목, 설명, 태그를 조회하면서 어떠한 내용을 담고 있는지 이해한 후, 해당 동영상을 조회할 수 있습니다. 또한 사용자는 자신이 제작한 동영상을 플랫폼에 배포할 수도 있습니다.

이를 위해서 동영상 파일과 함께 메타데이터(제목, 설명, 태그, 작성자 등)를 Data Lake에 적재하고, 메타데이터는 색인화(Indexing)를 통해 검색이 가능하도록 해야 하며, 동영상을 플랫폼에서 조회할 수 있는 기능과 동영상을 플랫폼에 배포(등록)하는 기능을 구현해야 할 것입니다.

또한 사용자의 동영상 조회 이력을 바탕으로 동영상을 선호를 분석하여 동영상을 추천하고, 사용자의 피드백을 받아 '기계 학습' 후 추천에 반영하는 기능은 온라인 동영상 플랫폼의 핵심 기능 중의 하나입니다. 이는 Data Lake의 제목, 태그, 데이터 리니지 정보 추천 기능과 유사하게 활용될 수 있을 것입니다. 즉 기존 데이터의 제목, 설명, 태그, 데이터 리니지, 데이터 오너, 데이터 Steward 등을 바탕으로 해당 데이터의 제목, 태그, 데이터 리니지를 추천하고, 사용자의 피드백을 반영하여 '기계 학습' 후 추천에 반영하게 됩니다.

이와 같이 'Data Lake 플랫폼'은 '사내 데이터 플랫폼'일 뿐만 아니라 '고객 서비스 플랫폼'에도 응용할 수 있는 등 다양한 분야에 활용 가능한 유용한 플랫폼이 될 수 있을 것입니다.

참고문헌

Alex Gorelik, *Enterprise Big Data Lake*, O'Reilly, 2019.

Porter, Michael E and Victor E. Millar, *How information gives you competitive advantage*, Harvard Business Review, July-August, 1985.

차세대
빅데이터 플랫폼
DATA LAKE

ⓒ 윤선웅, 2021

초판 1쇄 발행 2021년 4월 23일

지은이   윤선웅
펴낸이   이기봉
편집   좋은땅 편집팀
펴낸곳   도서출판 좋은땅
주소   서울 마포구 성지길 25 보광빌딩 2층
전화   02)374-8616~7
팩스   02)374-8614
이메일   gworldbook@naver.com
홈페이지   www.g-world.co.kr

ISBN   979-11-6649-623-3 (03000)